Samuel E. Konkin III
Counter-Ökonomie

Counter-Ökonomie

Von den Hinterhöfen zu den Sternen

von Samuel E. Konkin III

In die deutsche Sprache übersetzt von

www.die-agora.de

Bibliografische Information der Deutschen Nationalbibliothek:
Die Deutsche Nationalbibliothek verzeichnet diese
Publikation in der Deutschen Nationalbibliografie;
detaillierte bibliografische Daten sind im Internet
über http://dnb.dnb.de abrufbar.

Herstellung und Verlag:
BoD – Books on Demand, Norderstedt

ISBN: 978-3-7583-2141-2

Inhaltsverzeichnis

Vorwort

Samuel E. Konkin III begann bereits in den frühen 1970er Jahren seine Philosophie des Agorismus und die Strategie der Counter-Ökonomie zu entwickeln, noch bevor er sein wegweisendes Buch ‚*New Libertarian Manifesto*‘ schrieb. Das Buch legte die Plattform des schwarzen Marktanarchismus in all ihrer glorreichen Detailgenauigkeit dar. Konkins zweites Buch ‚*An Agorist Primer*‘ wurde nach seinem Tod im Jahr 2004 veröffentlicht. Das Werk beleuchtet das von Konkin bezeichnete Konzept des "Neuen Libertarismus" oder Agorismus weiter. Bevor er starb, plante Konkin die Veröffentlichung eines weiteren Buches mit dem Titel ‚*Counter-Economics*‘. Konkin sah das Buch als ein wissenschaftliches Werk, was mit dem ‚*Kommunistischem Manifest*‘ von Marx konkurrieren sollte.

Leider wurde das Buch nie fertiggestellt und seine Vision wurde nicht verwirklicht. Doch dank seines Freundes Victor Koman wurde nun das, was von dem Buch erhalten geblieben ist, in digitaler Form der Öffentlichkeit zugänglich gemacht.

Dieses Buch enthält Konkins ursprüngliche Einleitung, die vollendeten Kapitel, seine persönlichen Notizen für die ungeschriebenen Kapitel und die Gliederung des gesamten Buches.

Konkin vollendete vor seinem Tod insgesamt 10 Kapitel für dieses Buch. Die ersten sechs Kapitel sind in diesem Buch enthalten, die anderen vier Kapitel wurden bis Januar 2020 nicht gefunden. Sie werden in der von Konkin verfassten und von Victor Koman bearbeiteten Form präsentiert. Zusammen bieten diese Kapitel eine Fülle von Beweisen für Konkins Theorien über die Macht der Counter-Ökonomie. Nach dem Studium dieser Beweise sollte der Leser die nächste offensichtliche Frage stellen: *Was machen wir damit?*

Konkin argumentierte, dass man lediglich das Bewusstsein des durchschnittlichen Menschen erwecken müsste, um die wartenden Möglichkeiten in der nicht besteuerten, unregulierten Counter-Ökonomie zu erkennen. Wenn eine ausreichende Menge an prinzipientreuen und konsequenten Menschen der Erpressung des Staates widerstehen und ihre Energie in die Counter-Ökonomie verlagern könnte, würde der Staat machtlos werden. Von den 1980er Jahren bis zu seinem Tod im Jahr 2004 erkannte Konkin einige der frühesten Beweise für den Erfolg der Counter-Ökonomie. Während wir in die 2020er Jahre gehen, ist die Evidenz sogar größer als Konkin es sich hätte vorstellen können. Doch wieder einmal stehen wir vor der Frage: *Was machen wir damit?*

Nehmen wir die uns vorliegenden Beweise und schulen damit unser Handeln, wie es jeder vernünftige Mensch machen würde? Oder ignorieren wir die offensichtliche Lösung zugunsten des fortgesetzten politischen Spiels von Spaltung und Eroberung? Die Wahl liegt bei uns.

Hintergrund

Die folgende Notiz wurde vom preisgekrönten Autor Victor Koman, PhD, verfasst. Sie wurde ursprünglich als Nachwort zur ePub-Ausgabe von *‚Counter-Economics: ‚From Back Alleys to the Stars‘* veröffentlicht.

Der Autor von *Counter-Economics*, Samuel Edward Konkin III, starb am 23. Februar 2004 im Alter von 56 Jahren. Er hinterließ mir sein ursprüngliches Manuskript in der Hoffnung, dass ein dreifacher Prometheus Award-Preisträger und Verleger (KoPubCo Books) das Buch zur Veröffentlichung bringen würde, ähnlich wie ich es mit Konkins *‚New Libertarian Manifesto‘* (KoPubCo, 1983 & 2006) und dem posthum veröffentlichten Einführungsbuch *‚An Agorist Primer‘* (KoPubCo, 2008) getan hatte. Das letztere Manuskript erforderte nur eine leichte Aktualisierung, was eine recht schnelle Veröffentlichung (gemessen an libertären Standards) nach seinem Tod ermöglichte.

‚Counter-Economics‘ hingegen stellte sich als größere Herausforderung heraus. Das Manuskript, was etwa 1984-85 geschrieben wurde, bestand in seiner Gliederung nur aus den ersten sechs von zwanzig Kapiteln (obwohl vier weitere Kapitel Gerüchten zufolge in digitaler Form existieren sollen, aber bisher nicht gefunden wurden). Darüber hinaus bestand ein erheblicher Teil des Manuskripts aus umfangreichen Zitaten aus zeitgenössischen Nachrichten- und Zeitschriftenquellen. Da diese Verweise inzwischen veraltet sind, wäre es erforderlich gewesen, das Buch gründlich auf die Neuzeit anzuwenden - zum Beispiel lieferte die Schattenwirtschaft der Sowjetunion zahlreiche Beispiele für das völlige Versagen der staatlichen Wirtschaft und Venezuela, das aktuelle Paradebeispiel für die Schrecken des Sozialismus, war noch nicht am Kollabieren.

Die Welt hat sich seit 1985 erheblich verändert (wobei sich trotz äußerlicher Veränderungen in Wirklichkeit wenig geändert hat): der Zusammenbruch der Sowjetunion, nicht zuletzt aufgrund von Counter-Ökonomien; die Rückkehr zu einer kriegsbasierten (oder zumindest kriegsbereiten) Wirtschaft; die sporadische Legalisierung (aber nicht Entkriminalisierung) von Marihuana; die Explosion sowohl der Verschlüsselungstechnik von Computern, als auch des Einfallsreichtums von Hackern; der Aufstieg digitaler Währungen wie Bitcoin; die Allgegenwärtigkeit von Überwachungssystemen; die Aufgabe jeglicher Unterstützung für die Freiheit seitens der Eliten der politischen Parteien der USA, der Vorstandsetagen großer Unternehmen und Regierungen weltweit. All diese Ereignisse haben dazu geführt, dass die Größe und der Umfang der Counter-Ökonomien eher zugenommen, als abgenommen haben.

Beim erneuten Lesen der Kapitel für diese Ausgabe, hörte ich Echos der Vergangenheit in der Gegenwart widerhallen - es stellt sich heraus, dass die Referenzen zwar veraltet sind, die Prinzipien der zugrundeliegenden Counter-Ökonomie jedoch konstant und aktuell sind. Man kann sehen, wie sie auf aktuelle Ereignisse anwendbar sind und wie man die heutigen Kontroversen lösen kann und die Entscheidungen von morgen im eigenen Leben und in der Gesellschaft darauf basieren kann.

Das Einscannen des Manuskripts war eine immens frustrierende Arbeit (Mitte der 1990er Jahre mit OmniPage und einem primitiven Scanner). Sams alternde IBM Executive Schreibmaschine hatte eine lose "T"-Taste, die bei fast jedem Wort mit diesen Buchstaben zu einem OCR-Rechtschreibfehler führte, sowie einen Leerzeichenfehler bei fast jedem Wort mit einem "o". Über die folgenden Jahre hinweg habe ich etliche Stunden (so viel ich konnte) damit verbracht, Fehler zu korrigieren und Sams Endnoten gemäß den Standards der APA 6th Ed. zu vereinheitlichen.

Da das Buch bereits bei mehreren Verlagen vorgelegt und abgelehnt worden war, hielt Sam es nicht für lohnend noch mehr Mühe in eine Überarbeitung zu stecken. Als Sam mir das Manuskript gab (wahrscheinlich um 1993 herum), bezweifelte er dessen Marktfähigkeit fast ein Jahrzehnt nach dem Verfassen, aber ich sagte ihm, dass ich vielleicht etwas damit anfangen könnte, und er gab mir seine Erlaubnis dazu.

Ich wusste jedoch, dass ich das Buch ohne einer akademischen Grundlage nicht mit meiner Version aus den 1990er Jahren abschließen könnte. Im Verlauf der nächsten 20 Jahre habe ich vier Universitätsabschlüsse erworben, angefangen mit einem Associate of Arts über einen BSIS und einen MBA bis hin zu einem IT-PhD in Information Assurance and Security. Ich habe auch die oben genannten SEK3-Bücher veröffentlicht und einige meiner eigenen über KoPubCo neu veröffentlicht. Das alles, während ich von 1996 bis 2014 in Vollzeit in meinem Job als Web-App-Entwickler tätig war.

Schließlich fühlte ich mich bereit, Sams Hauptwerk mit der verdienten wissenschaftlichen Strenge und ideologischen Konsistenz abzuschließen.

Jedoch...

Auf Anraten meines Autorenkollegen J. Neil Schulman versuchte ich in meinen E-Mail-Protokollen aus den 1990er Jahren nach irgendeinem Hinweis von Sam auf das Counter-Economics-Manuskript zu suchen. Bei der Suche in einer 32-MB-Textdatei (gespeichert zu einer Zeit als ein Megabyte noch ein Megabyte war!) fand ich mehrere. Und in ihnen entdeckte ich etwas, was ich im Laufe der Jahrzehnte vergessen hatte. In einer E-Mail vom 28.11.1999 schrieb Sam:

> Obwohl mein "*nicht veröffentlichbares*" Buch ‚*Counter-Economics*‘ nur halb fertig war, bevor ich Anfang der 1980er Jahre aufhörte nach einem Verlag in New York zu suchen (die beste Antwort kam von jemandem, der sagte: "Dies ist ein Beispiel für das unmoralischste Schreiben der libertären Bewegung..." yeah!), habe ich etwa 10 Kapitel zum Abtippen und ins Internet stellen.

In einem Beitrag an die *Left Libertarian List*, datiert vom 26.01.2000, schrieb Sam:

> Ich habe bereits erwähnt, dass ich in den frühen 1980er Jahren zehn Kapitel eines Buches namens ‚Counter-Economics‘ geschrieben habe; es wurde von einem Dutzend etablierter New Yorker Verlage abgelehnt, wobei zwei die "extremistischen" Ideen als Grund nannten und die anderen weniger ehrlich waren. Jedes Kapitel beschrieb einen bestimmten Bereich der Counter-Ökonomie, wobei der Effekt von Kapitel zu Kapitel aufgebaut wurde, bis der Leser erkennt, dass es die gesamte menschliche Handlung umfasst.
>
> Victor Koman hat offenbar die Manuskriptseiten eingescannt und OCR bearbeitet und sie mir dieses Jahr zu Weihnachten als Geschenk überreicht. Wenn ich weiterhin ermutigt bleibe... werde ich sie online stellen...

Ich hatte diesen Austausch mit Sam vollkommen vergessen. All die Jahre habe ich das Manuskript aufbewahrt, in der Hoffnung es mit den Forschungs- und Schreibfähigkeiten eines Wissenschaftlers zu vervollständigen und die Integrität des Werkes zu schützen. Nun stellte ich fest, dass Sam bereits seit langer Zeit bereit war, das Manuskript in seiner ursprünglichen Form zu veröffentlichen.

Hier ist also die unvollendete Version von ‚Counter-Economics‘. Ich weiß nicht, wo sich die vier verlorenen Kapitel befinden, ich werde das E-Book neu veröffentlichen, sobald sie auftauchen. Die einzigen von mir vorgenommenen

Änderungen am Manuskript waren die Korrektur einiger Tippfehler, die Umformulierung einiger unklarer Sätze und die oben erwähnte APA-Formatierung der Endnoten der Kapitel. Kurz nach der Veröffentlichung dieses E-Books wird KoPubCo eine kostenlose PDF-Version der tatsächlichen Manuskriptseiten zur Verfügung stellen, zusammen mit zusätzlichem Material, wie Scans der tatsächlichen Artikel, auf die SEK3 (Samuel E. Konkin III) in diesem Buch verwiesen hat.

Was du jetzt in den Händen hältst, ist jedoch die reinste Destillation der Counter-Ökonomie und des Proto-Agorismus, präsentiert vom Genie Samuel Edward Konkin III. Er ist über *von Mises* und *Rothbard* hinausgegangen und hat das Wissen, die Strategie und die Taktiken geliefert, um sich selbst und die Gesellschaft zu befreien.

-Victor Koman

Einleitung

Lesen Sie ein Selbsthilfebuch, ein Handbuch zur persönlichen Befreiung, eine finanzielle Beratung, einen esoterischen Wirtschaftstext, eine antipolitische Plattform, eine aufdeckende Geschichtsschreibung, eine sensationelle Enthüllung des Untergrundlebens oder ein anarchistisches Kochbuch? Die Antwort lautet: *all das oben Genannte.*

Das mag verwirrend klingen, aber der Hauptzweck dieses Schreibens besteht aus der Extrahierung einer Einheit aus diesen normalerweise in den meisten Köpfen unverbundenen Themen.

Ich hoffe, dass dieses Buch für eine andere Lebensweise begeistert, neue Erklärungen für einige vertrackte Probleme unseres sozialen Lebens liefert und ein paar davon löst. Auf dem Weg können einige weitere Lasten von den Schultern der Unterdrückten genommen werden - insbesondere von denen, die sich entschieden haben, dagegen anzukämpfen. Vor allem mögen einige von euch dazu bewegt werden, im eigenen Interesse zu handeln.

Dort beginnt es - beim Selbst. Wenn das Individuum Rechte besitzt und sich trotz organisierter und institutionalisierter Unterdrückung für das Ausüben dieser Rechte entscheidet, dann beginnt die Counter-Ökonomie. Man muss kein Anarchist oder großartig libertär sein, um Counter-Ökonomie zu betreiben - und die meisten waren es bisher auch nicht. Doch wenn ein Sozialist oder Faschist oder jemand ohne Ideologie oder Gedanken, counter-ökonomische Handlungen erlernt und anwendet, wird meines Erachtens der reinste Libertarismus vorangebracht.

Um dieses Ziel zu erreichen, habe ich die philosophischen Auswirkungen der Counter-Ökonomie bewusst bis zum Ende des Buches zurückgestellt. Und um sicherzustellen, dass das Eintauchen in diese Thematik aufregend genug wird, habe ich die wirtschaftlichen Aspekte fast ans Ende gestellt, um einen tieferen theoretischen Einblick zu ermöglichen.

Dieses Buch soll weder Widerstandskräfte anlocken noch Arglose in eine Falle locken. Es ist weder eine Abhandlung noch ein Manifest, der Autor stellt solche anderswo zur Verfügung. Dieses Buch soll Counter-Ökonomien so zugänglich wie möglich machen.

Vorerst zum Wesentlichen der Counter-Ökonomie und nachfolgend zu den detaillierten Beschreibungen. Wirtschaft ist das Studium und die Praxis menschlichen Handelns im Rahmen des freiwilligen Austauschs. Die etablierte "Wirtschaft" ist in einer Weise die Präsentation von Erklärungen menschlichen Handelns, die dem Establishment oder der herrschenden Klasse der Gesellschaft zugutekommt. Ersteres ist ein Versuch der Wissenschaft, letzteres ist Kunstfertigkeit in Form von Betrug. Gegenwirtschaft oder Counter-Ökonomie ist das Studium und die Praxis des menschlichen Handelns, welches gegensätzlich zur offiziellen Legitimität (staatliche Gesetzgebung) begangen wird.

Da sich die Counter-Establishment Kultur in den 1960er Jahren als unhandlich erwies und zu Gegenkultur oder Counter-Kultur verkürzt wurde - wenn auch nicht ohne anschließende Verfälschung ihrer Ziele -, wird Counter-Establishment Ökonomie zu Counter-Ökonomie oder Gegenwirtschaft verkürzt. Um Missverständnisse zu vermeiden, werde ich Counter-Ökonomie wie folgt definieren:

Counter-Ökonomie ist die Theorie und Praxis des menschlichen Handelns, welche weder vom Staat akzeptiert wird, noch jegliche initiierende Gewalt oder Drohung mit Gewalt beinhaltet.

Diese etwas kryptische Formulierung liegt daran, dass explizit Mord und Diebstahl aus der Counter-Ökonomie ausgeschlossen werden müssen. Regierungen haben eine nahezu monopolartige Kontrolle über Mord (Krieg) und Diebstahl (Steuern und Inflation) und wir können die wenigen freiberuflichen Staatsgläubigen außen vorlassen, um eine klare Unterscheidung zu treffen.

Laut dem libertären Moralkodex, keinen Schaden an seinen Mitgeschöpfen anzurichten, steht die Counter-Ökonomie dafür, zu machen was man will, wann man will und aus eigenen guten Gründen. Und damit haken wir die Theorie ab und beginnen das Feld zu erkunden.

Das Ziel des Buches ist es, dem Leser die Counter-Ökonomie aufzuzeigen. Wir werden es in allen Lebensbereichen und überall auf der Welt betrachten. Schwarzmärkte, Graumärkte, ausländischer und inländischer Widerstand, Steuerwiderstand, ökonomischer Feminismus, Untergrundschulen und Einkaufszentren, Gold, Silber, Tauschhandel und illegale Einwanderer, kreative Informatik und sichere Informationssysteme, Waffenhandel und Bibelschmuggel, Lebensverlängerung und Intelligenzsteigerung, Selbstverwirklichung und psychischer Widerstand, sensationelle Abenteuer und harter, kalter historischer Revisionismus, Veränderung des inneren Raums und des Universums - all das ist hier.

Nachdem du es selbst gesehen und vollständig verstanden hast und du es ausprobieren möchtest... wirst du feststellen, dass du es bereits anwendest! Wenn du deine Freiheit erweitern möchtest, wirst du mit Sicherheit einige neue Ideen finden. Für mich ist entscheidend, dass wenn du bereits deine Freiheit erweiterst und dir Gedanken über deren Gültigkeit gemacht hast, du hoffentlich das Gesamtbild erkennst und selbst über dessen Richtigkeit urteilen wirst.

Wenn ein Counter-Ökonom beschließt, ein Leben des freien Handels zu führen und nicht in die "gerade", kranke, etatistische Gesellschaft zurückzukehren, hat dieses Buch bereits die Hälfte seines Zwecks erfüllt. Und wenn andere Menschen diese Person in einem neuen und sympathischeren Licht betrachten, ist die andere Hälfte erfüllt.

Und jetzt geht es weiter mit realen menschlichen Handlungen.

-SEK3

1. Steuerliche Counter-Ökonomie

"Eine gigantische Schattenwirtschaft, die in ihrer Größe der gesamten Wirtschaftsleistung Kanadas Konkurrenz macht und bis zu 20 Millionen Menschen umfasst, generiert Hunderte von Milliarden Dollar an nicht versteuertem Einkommen unterhalb des wirtschaftlichen Mainstreams in Amerika.

Insgesamt sind schätzungsweise über eine halbe Billion Dollar pro Jahr betroffen - etwa ein Viertel der erfassten Wirtschaftsleistung in den USA. Selbst die konservativsten Schätzungen beginnen bei fast 200 Milliarden."

-U.S. News & World Report Titelgeschichte, 22. Oktober 1979

"Da passiert etwas. Was genau ist nicht ganz klar..."

-Stephen Stills, "For What It's Worth" (aufgenommen von Buffalo Springfield)

Etwas namens "Schattenwirtschaft" wurde von den großen, etablierten Medien entdeckt. Die Los Angeles Times veröffentlichte in den Jahren genauer Beobachtung zum Beispiel folgende Geschichten:

• 17. Juli 1979 – "100 Milliarden 'Schattenwirtschaft' enthüllt" (Abschnitt IV, Seiten 1 & 11).

"Jeder, der sich die Schattenwirtschaft angesehen hat, wird Ihnen sagen, dass sie sehr groß ist", sagte Allen Voss vom General Accounting Office vor dem Unterabgeordnetenausschuss des House Ways & Means."

"Beamte beschreiben die Schattenwirtschaft als Personen, die weniger melden als sie verdienen, einschließlich derjenigen, die Tauschhandel betreiben oder nur gegen Bargeld arbeiten und derjenigen, die sich nicht einmal die Mühe machen, eine Steuererklärung abzugeben."

• 18. September 1979 - "Die 'Schattenwirtschaft' kommt an die Oberfläche" (Teil II, Seite 5). Kolumnist Robert J. Samuelson beschwert sich: "Regierungsbehörden haben eine Art, Ideen gewisse Solidarität zu verleihen und genau das hat das Internal Revenue Service mit der 'Schattenwirtschaft' gemacht. Bis vor kurzem war dies nur ein weiteres zufälliges Thema für Zeitungs- und Magazinartikel. Nun hat das IRS einen ausführlichen Bericht vorgelegt, wo es heißt, dass schätzungsweise jeder zehnte Dollar in der Schattenwirtschaft landet und nicht zu steuerlichen Zwecken gemeldet wird. Plötzlich haben wir ein ernsthaftes soziales Problem."

16

• 9. Januar 1980 - "Geld, eine Frage des Gebens und Nehmens", untertitelt "Steuerbeamte um Milliarden betrogen" (Teil IV, Seite 5), beginnt mit den Worten: ""Ich fühle mich großartig dabei, keine Steuern zu zahlen", sagt R. M. Jones. "Ich unterstütze keine Papiertiger-Regierung und ich kümmere mich nicht gerne um Menschen in der Sozialhilfe."

• 2. April 1980 - "Befürchtungen vor Milliarden von Dollar an Steuerhinterziehung", untertitelt "USA besorgt über nicht gemeldete Gelder, die in ausländische Bankkonten fließen", erweitert das Konzept auf internationaler Ebene. "Der Missbrauch sogenannter 'Offshore'-Konten durch wohlhabende Amerikaner, die auf Steuerhinterziehung aus sind - ebenso wie von Drogenhändlern, Unternehmen, die Bestechungsgelder zahlen - hat nach Ansicht vieler Experten beispiellose Ausmaße erreicht."

• 7. April 1980 — "Auf der Seite der Gesetzlosen", untertitelt "Die Toleranz der Amerikaner gegenüber der steuerhinterziehenden Schattenwirtschaft kostet ihnen Milliarden", ist ein redaktioneller Angriff des Times-Autors Ernest Conine. Er sagt: "Die meisten Amerikaner sind geneigt, solche Vorfälle zu ignorieren. Das ist gelinde gesagt nicht sehr klug. Derjenige, der bei seiner Einkommensteuer schummelt, sei er ein Teppichleger oder ein Multimillionär, stiehlt genauso sicher von ehrlichen Steuerzahlern, als ob er ihnen eine Pistole an die Rippen halten würde."

• 17. April 1980 - "Immer mehr weigern sich Steuern zu zahlen", untertitelt "Widerständler und 'Patrioten' bestehen darauf, dass die Amerikaner keine Pflicht auf Abgaben haben", erwähnt die "Schattenwirtschaft" nirgendwo (Teil 1-C, Seiten 7-8). Es beginnt jedoch mit den Worten: "Eine wachsende Anzahl von Amerikanern weigert sich, Einkommensteuererklärungen abzugeben oder Onkel Sam auch nur einen Cent zu bezahlen. Die meisten von uns arbeiten mehrere Monate im Jahr für die Bundesregierung, aber die Steuergegner haben der Regierung gesagt: -Ich kündige-." Mehr zu dieser Anomalie später.

• 18. April 1980 - "Größter Steuerbetrug aller Zeiten" führte eine Briefspalte in der Times an, in der auf Conines Verteidigung der Besteuerung kritisch reagiert wurde. Sechs Briefe wurden abgedruckt, alle kritisch gegenüber Conines Position zur Besteuerung, obwohl zwei die Besteuerung unterstützten und eine Alternative, die Mehrwertsteuer oder die VAT, anboten. Zwei andere enthielten diesen Ausspruch als Antwort auf Conine: "Unsinn!" Ein anderer sagte: "Conines unbeholfener Vorschlag mehr Prüfer einzustellen ist idiotisch!"

• 18. August 1980 - "IRS ergreift Maßnahmen, um den Anstieg der Steuerrebellen einzudämmen", untertitelt "Ranks Swell Despite Convictions", erwähnt erneut keine "Schattenwirtschaft". (Teil l, Seite 1)

• 10. Januar 1981 - "Kirchen könnten versteigert werden", untertitelt "15 Gemeinden weigern sich, staatliche Steuerformulare einzureichen", erweitert das Thema erneut von Einzelpersonen und organisierten Steuerrebellen auf Kirchen (Seite 30, Teil I). "Mindestens 15 kalifornische fundamentalistische Kirchen, die an einer wachsenden Rebellion gegen die Einreichung von Steuerformularen beteiligt sind, sind in Gefahr, dass ihre Besitztümer vom Staat versteigert werden." Auch hier wird keine "Schattenwirtschaft" erwähnt.

Auch dies beschränkt sich nicht nur auf die L.A. Times oder U.S. News. Jack Andersons Kolumne vom 29. Dezember 1979 beginnt mit den Worten: "Ehrliche amerikanische Steuerzahler werden von einer immer größer werdenden wirtschaftlichen 'Untergrundwirtschaft' von Steuerhinterziehern betrogen, deren nicht gezahlte Steuern von der gesetzestreuen Bevölkerung ausgeglichen werden müssen. Die Schätzungen über die Größe der jährlichen Verwüstungen durch diese Steuer-Guerillas variieren, aber einige Experten glauben, dass ihre illegalen steuerfreien Transaktionen bis zu einem Drittel der gesamten amerikanischen Wirtschaft ausmachen könnten. Vielleicht der beunruhigteste Fakt an dieser schattenhaften Armee von Betrügern ist, dass viele ihrer Rekruten keine abgebrühten Kriminellen sind, sondern angesehene und scheinbar respektable Bürger."

Die Kolumnistin Sylvia Porter widmete der "unsichtbaren" Untergrundwirtschaft drei Kolumnen (10. bis 12. November 1980) in ihrer Serie "Your Moneys Worth". Sie schließt apokalyptisch ab: "Die Einhaltung muss die Antwort sein, wenn wir vermeiden wollen, dass unser ganzes System auseinanderfällt."

Vielleicht ist ihre Vision nicht unberechtigt. Am 1. August 1980 veröffentlichte Zodiac News Service folgende Geschichte:

(ZNS) Der Internal Revenue Service (IRS) beschloss kürzlich seine eigenen Mitarbeiter zu überprüfen, indem die persönlichen Einkommensteuererklärungen von 168 der eigenen Prüfer willkürlich einer Prüfung unterzogen wurde. Der IRS berichtet, dass 110 dieser Prüfungen jetzt abgeschlossen sind und genau die Hälfte der Prüfer des Dienstes schwerwiegende Fehler in ihren eigenen persönlichen Erklärungen gemacht hat.

18

Von den 55 ungenauen Rückgaben zahlten 13 durchschnittlich 129 US-Dollar zu viel Steuern. Die verbleibenden 42 zahlten jedoch durchschnittlich 720 US-Dollar zu wenig an Uncle Sam. Dies ist übrigens mehr als doppelt so hoch wie die durchschnittliche Unterzahlung der Öffentlichkeit von etwa 340 US-Dollar.

Die IRS plante die Prüfung ihrer eigenen Prüfer auszuweiten, hat dieses Vorhaben jedoch abgebrochen, nachdem die Prüfer das Vorhaben als "skandalös" und "sehr unfair" bezeichnet hatten.

Und die "Bedrohung" ist noch nicht begrenzt. Thomas Brom von der Pacific News Service beginnt am 28. November 1980 in dem Artikel "Amerikas florierende 'Outlaw' Wirtschaft - Jobs für viele, Schutz für niemanden" mit dieser ernsten Warnung als "Hinweis des Herausgebers": "Die 'Outlaw'- oder 'Untergrund'-Wirtschaft, in der Bargeld die Rechnung begleicht und die IRS gemieden wird, wächst laut aktuellen Schätzungen rasant. Sie hat sich zu einer Art düsterem Auffangsystem und inoffiziellem Sozialprogramm für die wachsenden Legionen der Arbeitslosen entwickelt. Aber während es vielen das Überleben ermöglicht, bietet es nur wenig soziale Unterstützung und keinen Arbeitnehmerschutz und stellt eine ernsthafte Bedrohung für amerikanische Gewerkschaften dar. So berichtet der PNS-Wirtschaftsredakteur Thomas Brom.

Schließlich ist nichts ein beliebtes Phänomen, wenn es nicht in der Zeitschrift "People" berichtet wird. Im September 1979 erscheint auf Seite 30 ein ganzseitiges Foto von Richard Fogel vom General Accounting Office mit der Überschrift "Wenn die Regierung nicht handelt, könnte die Integrität unseres gesamten Steuersystems bedroht sein". Darunter steht "Eine neue US-Studie über Steuerhinterziehung ist ein weiterer Grund zu schreien: Ich bin sauer und ich werde es nicht länger hinnehmen."

Hier geschieht etwas, was nicht die "Steuerrebellion" der Amateur-verfassungsrechtler zu sein scheint. Es ist scheinbar äußerst erfolgreich und ärgert den Staat, seine Institutionen und ihre Verteidiger.

Was die "Untergrundwirtschaft" ist

Die "Untergrundwirtschaft" ruft die Vorstellung einer Subgesellschaft innerhalb der allgemeinen Gesellschaft hervor. Sie besitzt ein Bewusstsein, eine strukturierte Organisation und eine Subkultur von Bräuchen, Traditionen und möglicherweise sogar Kunst und Literatur. Das Bild des Untergrund-Einkaufszentrums in J. Neil Schulmans Alongside Night (Crown, 1979) ist dazu passend. Aber das ist im Jahr 2001 angesiedelt - spekulative Fiktion - und niemand behauptet, dass eine solche Subgesellschaft heute existiert. Darüber hinaus spricht Schulman über die Counter-Ökonomie, die weit mehr als nur Steuerhinterziehung umfasst. Also, was ist die aktuelle "Untergrundwirtschaft" und wie verhält sie sich gegebenenfalls zur Counter-Ökonomie?

U.S. News & World Report gibt die umfassendste Definition der oben genannten Quellen und die meisten Beispiele: *"Kurz gesagt, die Untergrundwirtschaft umfasst alle wirtschaftlichen Aktivitäten, die jeden Tag stattfinden und aus verschiedenen Gründen von den offiziellen wirtschaftlichen Prüfern des Landes nicht erfasst werden - von Schwarzarbeit und Obststand-Verkäufen am Straßenrand, bis hin zu hochrangigem Betrug in Unternehmen und Multimillionen-Dollar-Betrügereien in Glücksspielcasinos."* Bis hierher könnte man noch von Counter-Ökonomie sprechen. Aber dann wird die Definition eingeschränkt: *"Diese 'Arbeitskräfte' werden von Selbstständigen dominiert - von Anwälten, Ärzten und Buchhaltern, bis hin zu Ladenbesitzern und Handwerkern - und von den arbeitenden Armen. Aber sie umfasst auch viele aus anderen Gesellschaftsschichten - diejenigen, die unter anderem Steuerabzüge aufstocken oder Zinseinkünfte, Dividenden, Mieten oder Lizenzgebühren nicht vollständig angeben."*

Die Counter-Ökonomie umfasst alle. (Siehe spätere Kapitel für einen Beweis.) **Das heißt, eine counter-ökonomische Aktivität ist jede menschliche Handlung, die ohne der Zustimmung des Staates stattfindet. Und da Gesetze fast jede menschliche Aktivität abdecken und oft sowohl die Handlung, als auch die entsprechende Unterlassung verbieten, muss jeder zumindest in geringem Maße Gesetze beugen oder brechen, um einfach nur zu existieren.**

U.S. News sieht in der "Untergrundwirtschaft" erheblich weniger Menschen. *"Mehr oder weniger sind wahrscheinlich 15 bis 20 Millionen Amerikaner beteiligt"*, sagt Allen R. Voss, der eine Studie des Problems durch das General Accounting Office beaufsichtigte. Von diesen ziehen laut Peter M. Gutmann, einem Wirtschaftsprofessor an der City University of New York, bis zu 4.5 Millionen ihr gesamtes Einkommen aus nicht erfassten Einnahmen. Kurz gesagt, die "Untergrundwirtschaft" ist der härteste und engagierteste Sektor der Steuergesetzesbrecher der Counter-Ökonomie.

Wer sind die Steuerlosen? Es werden mehrere Beispiele genannt, von haushaltführenden Witwen über häusliche Schneiderinnen bis hin zu Bauern, die an Straßenecken Gemüse verkaufen. Ein Beispiel könnte wie folgt aussehen: "Eine 24-jährige Schauspielerin in New York City hat drei Jobs, um über die Runden zu kommen: Sie arbeitet als Barkeeperin für 30 bis 35 US-Dollar pro Tag inklusive Trinkgelder; hilft an Samstagen im Schmuckgeschäft ihres Vaters aus und tritt gelegentlich in ihrem eigenen Cabaret-Stück in einem Nachtclub in Greenwich Village auf."

"Alle ihre Jobs sind nicht gemeldet. Ihre Arbeitgeber halten mit anderen Worten keine Steuern von ihrem Gehalt zurück und leisten keine Beiträge zur Sozialversicherung oder Arbeitslosenversicherung, wie sie es eigentlich tun sollten. 'Ich bin komplett untergetaucht', sagt sie. 'Es gibt keinerlei Aufzeichnungen über meine Anstellungen.' "

"Sie zeigt keinerlei Schuldgefühle oder Reue darüber, dass sie ihre Handlungen gegenüber dem Staat nicht verantwortet. Sie äußert eine wehmütige Note. 'Wenn ich älter werde,' sagt sie, 'fange ich an zu denken, vielleicht hätte ich für meine Sozialversicherung bezahlen sollen. Aber so zahle ich keine Steuern, gar nichts."

Während das Konzept der "Untergrundwirtschaft" stark auf Steuerhinterziehung ausgerichtet ist, ist die Verbindung zu anderen gegenwirtschaftlichen Aktivitäten offensichtlich, wie der Umgehung von Arbeitsvorschriften, der Missachtung von Gesundheits- und Sicherheitsvorschriften und illegaler Einwanderung.

Die "Untergrundwirtschaft", wie von der IRS und anderen definiert, umfasst in diesem Beispiel unsere Schauspielerin und ihre Arbeitgeber. Aber denken Sie daran, dass alle Mitwisser als Komplizen und Mitverschwörer gelten. Somit sind alle ihre Freunde, Verwandten, Kollegen und wahrscheinlich viele ihrer Kunden, Kollegen am Theater und sogar Stammgäste in die Counter-Ökonomie verwickelt. Diese "Ripple"-Wirkung ist charakteristisch für die Counter-Ökonomie; man muss nicht betonen, wie sie sich auf die Majestät und Autorität des Staates, seine Vertreter und Bürokraten auswirkt.

Jeder nicht-staatliche Job oder jedes Unternehmen, kann in gewissem Maße zur Counter-Ökonomie beitragen. Einige Branchen scheinen jedoch eine höhere counter-ökonomische Affinität zu haben als andere. U.S. News untersuchte jene kommerziellen Sektoren, die "zum Untertauchen" neigen. An der Spitze steht eine heterogene Gruppe von Beschäftigungsmöglichkeiten, bekannt als Nebenbeschäftigung (Moonlighting).

"Ein ganzes Panoptikum von Nebenbeschäftigten arbeitet in der Untergrundwirtschaft. Ein solcher Mann, ein junger Musiker aus New York, verdiente im letzten Jahr 7.500 Dollar - fast alles in bar - indem er Gitarrenunterricht gab. Aber er gab nichts davon bei der gemeinsamen Steuererklärung mit seiner Frau an. Er reichte das Einkommen teilweise aus Notwendigkeit und teilweise aus Ärger nicht ein. Seine Eltern zahlten jahrelang hohe Steuern, aber er wurde von Regierungsdarlehen und -zuschüssen zur Finanzierung seiner Studienkosten ausgeschlossen, weil das Einkommen seiner Eltern zu hoch war." Die Verbindung zwischen anti-staatlichem Unmut und der Motivation zur Counter-Ökonomie ist ein Hinweis auf den impliziten Libertarismus der Counter-Ökonomie; dass diese Tatsache derzeit noch unscharf bleibt, könnte libertäre Strategen durchaus interessieren.

"Ein Nebenbeschäftigter in Indiana arbeitet unter der Woche in einer Werkzeugmaschinenfabrik und leitet an den Wochenenden eine private Müllentsorgungsanlage, wo er etwa 100 Dollar nicht gemeldetes Einkommen pro Woche erzielt." Während Hardcore-Counter-Ökonomen häufiger vorkommen als erwartet (wie die oben genannte Schauspielerin und der Musiker), sind die meisten Menschen teilweise counter-ökonomisch tätig.

"Millionen regulärer Arbeitnehmer unterliegen nicht der Verrechnungssteuer - dazu gehören Lehrer, Taxifahrer, Straßenverkäufer, Meinungsforscher, Versicherungsvertreter und Immobilienmakler – diese werden von den Behörden beschuldigt, ein wesentliches Element der Untergrundwirtschaft zu sein. Rund 47 Prozent geben ihre Einnahmen nicht an, behauptet die IRS." Interessanterweise erwähnt U.S. News nirgendwo Kellnerinnen und Kellner in ihrem Artikel; eine überraschende Auslassung angesichts der Größe dieser Arbeitnehmerbranche mit überwiegend nicht gemeldeten Trinkgeldern.

Wie funktioniert die steuerfreie Counter-Ökonomie / Gegenwirtschaft?

Grundsätzlich beruht die Einkommensteuer auf freiwilliger Einhaltung, wie der Internal Revenue Service (IRS) auf ironische Weise zugibt. Dort wo die Einhaltung erfolgt, wird sie verschleiert, man wird mit Informationen überhäuft, jedoch nicht mit der Erhebung der Beute. Um es einfach und unverblümt auszudrücken: Man muss sich selbst anzeigen (oder eine vertrauenswürdige Person damit beauftragen), um besteuert zu werden. Die Abkopplung des staatlichen Zugangs zu Informationen über seine Opfer ist ein allgemeines Prinzip der gegenwirtschaftlichen Mechanik. Die andere Methode besteht darin, dem Staat seine Machtlosigkeit zu zeigen, was in bestimmten Bereichen funktioniert, jedoch kaum "unterirdisch" ist.

In diesem Zusammenhang liegt die eigentliche Bedeutung von "unterirdisch" - außerhalb der "wachsamen Augen" des Staates, seinen Informanten und Vollstreckern. Wie funktioniert das in der täglichen Praxis?

Nahezu alle angegebenen Beispiele beruhen auf Bargeld und Mitwisserschaft. Bargeld ist faktisch nicht nachverfolgbar. Selbst wenn der Staat Verdacht schöpft, kann es mit dem derzeitigen Rechtssystem nicht bewiesen oder eine Verurteilung erreicht werden. Sie benötigen Aufzeichnungen und Zeugenaussagen. Die Mitwisserschaft wird mit einem Rabatt gekauft. (In einigen wenigen seltenen Fällen, insbesondere bei Künstlern, Handwerkern und speziellen Drogenschmugglern, kann die Komplizenschaft durch die Einzigartigkeit des Produkts erworben werden; d. h., man kann es nur durch eine unterirdische Vereinbarung erhalten.)

Eine andere Methode funktioniert jedoch nach dem entgegengesetzten Ansatz - ohne Bargeld. Laut U.S. News werden Tauschgeschäfte als eine weitere bedeutende Quelle für nicht besteuerte Einkünfte angesehen. Ein Anwalt aus Michigan erhielt von einem örtlichen Bewohner, den er in einer Angelegenheit des Kindesunterhalts vertrat, eine antike Kommode im Wert von 300 US-Dollar. Der Anwalt tauscht oft Dienstleistungen mit seinen Mandanten aus, meldet jedoch den Wert der erhaltenen Gegenstände nicht als Einkommen. "Ich fühle mich nicht schuldig für das, was ich mache", sagt er. "Die Regierung betrügt mich."

Erneut sehen wir, wie das Anti-Staat-Ressentiment die Illegalität rechtfertigt - und den Ripple-Effekt in der "Ansteckung" durch diesen einen Anwalt auf eine ganze Stadt voller Kunden mit gegenwirtschaftlicher Komplizenschaft.

"Ein anderer Mann, ein selbstständiger kommerzieller Illustrator und Texter in Chicago, hat ebenso die hohen Steuern satt und sagt, dass er wenig Bargeldgeschäfte, aber viel Tauschhandel betreibt. Er schreibt Werbetexte für einen Spirituosenladen im Austausch gegen alkoholische Getränke und erstellt Illustrationen für eine Werbeagentur im Austausch gegen typografische Dienstleistungen. Er schätzt, dass der Tauschhandel für 5 bis 10 Prozent seines Geschäfts verantwortlich ist." Unternehmerische Aktivitäten im Untergrund - wie auch überirdisch - scheinen nur durch Einfallsreichtum begrenzt zu sein. Natürlich ist auch die "überirdische Wirtschaft" durch die Kontrolle und Regulierung des Staates begrenzt.

Und wie denkt dieser Künstler über seine gesetzeswidrigen Aktivitäten? "Diese Tauschgeschäfte finden so häufig auf niedrigem wirtschaftlichem Niveau statt, dass ich nicht nachverfolgen kann, wie oft ich das mache", sagt er. Es hätte ihn vor ein paar Jahren gestört, es vor dem Steuereintreiber zu verbergen. Jetzt nicht mehr. "Jetzt betrachte ich es als wirtschaftliches Überleben. Die Besteuerung ist legalisierter Diebstahl." Er klingt wie ein ideologischer Libertärer.

Neben der Methode des inoffiziellen Erhaltens eines Einkommens und des Verbergens vor den Steuerbehörden, gibt es auch die Methode die Buchführung selbst zu manipulieren. Eine Gruppe von Rentnern sammelt beispielsweise Gewinne auf Pferderennstrecken für professionelle Wetter und übergibt sie dann ihren Geldgebern, die somit hohe Einkommenssteuerstufen umgehen. Alle Arten von Transaktionen können und werden als Spesenabrechnungen aufgenommen, um diese so von den persönlichen Einkommensaufzeichnungen fernzuhalten.

"Skimming" ist fast überall in kleinen Einzelhandelsgeschäften, Restaurants und Taxiunternehmen verbreitet: Es wird ein Teil des Tagesumsatzes einbehalten, ohne dass es verbucht wird. Ein Juwelier, der von U.S. News interviewt wurde, macht jährlich 10 Millionen Dollar Umsatz, 25 bis 30 Prozent davon in bar. Er glaubt, dass 10 bis 20 Prozent des gesamten 'auf der Straße' erzeugten Einkommens nicht gemeldet wird. Massiv. Und er klingt wie Ayn Rand: "Ich habe mit nichts angefangen und ein millionenschweres Unternehmen aufgebaut. Die Regierung hat mit Milliarden begonnen und macht weiter Schulden. Sie verschwenden nur das Geld."

Schließlich kann man einfach die Bücher doppelt führen, eine Buchführung für sich und eine für den Staat: "Ein Friseur in Houston führt zwei Bücher, eine für sich selbst, eine für das Finanzamt. Das meiste Geschäft wird in bar abgewickelt; sie steckt etwa ein Drittel davon, ohne es zu melden ein, was ungefähr 200 Dollar pro Woche sind."

Ein letztes Beispiel von U.S. News bringt alles zusammen. "Ein kalifornischer Händler ist stolz darauf, in den letzten fünf Jahren kein Prozent Einkommenssteuer gezahlt zu haben und gibt folgenden Rat zum Skimming: 'Das Wichtigste ist die Konstanz. Wenn Sie Geld abschöpfen, schöpfen Sie jedes Jahr denselben Betrag ab. Wenn Sie ein Jahr ohne Abschöpfung verstreichen lassen und im nächsten 20 Prozent nehmen, werden Sie erwischt."

"Selbst eine Steuerprüfung durch das Finanzamt bedeutet in der Regel nicht das Ende der Welt. Sie werden in der Regel im Voraus benachrichtigt. Sie müssen nur neue Quittungsbücher kaufen und diese an Ihre Zahlen anpassen. Solange die Quittungen fortlaufend nummeriert sind und die Zahlen übereinstimmen, ist es in Ordnung. Tatsächlich war das Jahr, in dem ich die Regierung betrogen habe, das Jahr, in dem ich geprüft wurde. Der Prüfer beglückwünschte mich letztendlich zu meinem ordentlichen Buchführungszustand. Die Regierung zu betrügen ist so einfach, dass es erbärmlich ist."

Was verursacht die "Schattenwirtschaft"?

Die Counter-Ökonomie existiert, weil der Staat existiert. Jedes Eingreifen des Staates in den freien Markt führt zu einer Verschiebung zwischen Angebot und Nachfrage. Neben dem anzuprangernden Zwang schafft jedes Eingreifen des Staates eine wirtschaftliche Gelegenheit für Unternehmen die Regularien zu umgehen und die verbotene Nachfrage zu bedienen oder den Preis zu unterbieten.

Im speziellen Fall der steuerfreien "Schattenwirtschaft" stellt jede Steuer eine Herausforderung dar. Schauen wir uns New York City an. Laut U.S. News: "Der Schwarzmarkt für Zigarettenschmuggel in New York City, der laut einigen Schätzungen mittlerweile für bis zu der Hälfte aller Tabakverkäufe in der Stadt verantwortlich sein könnte, könnte der Stadt und dem Staat 'Hunderte Millionen Dollar pro Jahr' an Einnahmen entziehen, so David Durk, stellvertretender Kommissar für Durchsetzung im Finanzministerium der Stadt. Der Grund für den florierenden Schwarzmarkt: Die hohe Verbrauchsteuer in Höhe von 23 Cent pro Packung." Einzigartig? Lesen Sie weiter. "Die hohe Verkaufssteuer von 8 Prozent in New York City stellt ein weiteres Problem dar. Es ist üblich, dass Händler davon 20 Prozent unterschlagen, so der Ökonom Gutmann." Und gilt das nur für New York? "Der Umsatzsteuerexperte John F. Due, Wirtschaftsprofessor an der University of Illinois, sagt, dass in ganz Amerika 3 bis 5 Prozent der gesamten fälligen Umsatzsteuer -oder bis zu 2 Milliarden Dollar pro Jahr- nicht eingetrieben wird."

Ein zweiter nachfolgender Artikel von U.S. News dazu, "Schwindeln bei Steuern - Eine weltweite Verfolgung" dokumentiert weltweit ähnliche Zahlen, die jeweils an die lokalen und kulturellen Praktiken angepasst sind. "Schwarzarbeit" in Deutschland, "travail noir" in Frankreich, "fiddlers" in Großbritannien und "morocho" in Argentinien sind Begriffe, die mit Schwarzarbeit und Schwarzgeld umgehen. "Die Schattenwirtschaft Italiens wächst so rapide, dass die Regierung sie jetzt in die Wirtschaftsplanung aufnimmt." Argentinische Regierungsbeamte schätzen, dass "bis zu 40 Prozent aller Unternehmen daran beteiligt sind." Japan, Schweden und Kanada werden ebenfalls behandelt, und "Ökonomen in Thailand sind ratlos, wenn sie gefragt werden, wie viel Geld die Regierung durch nicht gezahlte Steuern verliert. 'Wer weiß?' ist die meistgegebene Antwort." Im nächsten Kapitel werden wir uns die internationale Counter-Ökonomie genauer ansehen.

Sollte es eine "Schattenwirtschaft" geben? Kritiker und Verteidiger

Es gibt insbesondere im Sektor der Steuerhinterziehung eine riesige Counter-Ökonomie. Sie wurde 1974 im Zuge des Wissensaustauschs mit radikalen Libertären von diesem Autor "entdeckt" und als Counter-Ökonomie bezeichnet. Nun wurde zumindest der "Schatten"-Teil von anderen entdeckt und sie sind nicht begeistert. Während ich die Theorie und Rechtfertigung wie versprochen bis zum Schluss aufheben werde, möchte ich den Appetit des Lesers anregen, indem ich die Debatte über die Steuerfrage zwischen Libertären und Schriftstellern der etablierten Ordnung vorwegnehme.

Beide Seiten sind sich einig, dass eine perfekte Gesellschaft keine Counter-Ökonomie besitzen würde. Uneinigkeit besteht jedoch darin, dass die Libertären die Counter-Ökonomie als diese perfekte Gesellschaft im Kleinformat betrachten und dafür kämpfen diese zu erschaffen; die Gegner hingegen sehen sie als Makel und unschönen Tumor in einem mehr oder weniger akzeptablen politischen System.

Verteidiger und Planer des Wohlfahrtsstaates mögen sie nicht. Laut U.S. News "sind Regierungsprogramme durch die Schattenwirtschaft gestört. Aufgrund unregulierter Jobs und Einkommen könnten die Daten der Regierungsstatistiker nicht im Einklang mit dem stehen, was wirklich passiert. Die Arbeitslosigkeit könnte zum Beispiel tatsächlich fast ein halbes Prozent niedriger sein und die Anzahl der von Armut betroffenen Menschen etwas geringer als die offiziellen Zahlen es anzeigen, so ein fachkundiger Ökonom." Libertäre könnten darauf hinweisen, dass vielleicht die Counter-Ökonomie alle Arbeitslosen aufnehmen könnte, insbesondere wenn der Staat aufgrund einer galoppierenden Inflation oder einer katastrophalen Depression zusammenbricht - welche durch die eigenen Mechanismen des Staates entstehen.

Ernest Conine von der Los Angeles Times drückt es folgendermaßen aus: "In einer perfekten Welt würden alle Ungleichheiten verschwinden. Bis zu diesem unwahrscheinlichen Tag jedoch, rechtfertigen all unsere Beschwerden über die Regierung keineswegs das Betrügen bei den Steuern." Vielleicht nicht, aber was hält Conine davon ab? Wenn ein Malermeister oder ein Anwalt nur die Hälfte

26

seines Einkommens meldet, schadet er nicht David Rockefeller, dem Pentagon, Jimmy Carter oder dem Obersten Gerichtshof der USA. Eine Erklärung von einem Redakteur der Los Angeles Times, warum einige oder alle von ihnen Schaden nehmen sollten, wäre sehr aufschlussreich. Leider wird eine solche Analyse nicht gegeben. Und darüber hinaus liegt Conine faktisch völlig daneben. Da alle genannten Beispiele von den Steuern des Staates leben, bleibt weniger Kuchen für sie übrig. Wenn die gesamte Wirtschaft "unterirdisch" wäre, wären alle Genannten Bankrott.

Wem schadet der Counter-Ökonom also laut Conine? Er schadet dem Kerl von nebenan, der für einen festen Lohn arbeitet und keine Möglichkeit zur Steuervermeidung hat, selbst wenn er wollte. Und daher sowohl seinen Anteil an der Steuerlast als auch den des Steuerbetrügers bezahlen muss. Auch hier irrt Conine; sollte diese wirtschaftliche Theorie stimmen und alle, außer dem armen Kerl von nebenan, Steuern vermeiden würden, dann würde der arme Kerl die gesamte Steuerlast tragen. Es gibt zwar eine gewisse Elastizität bei der Steuererhebung, aber nichts in der Größenordnung von 20-30% der Wirtschaft. Der Staat erhebt einfach weniger Steuern - Punkt.

Conine gibt dem "Steuerschwindel" die Schuld an höheren Steuern und kommt zu dem Schluss: "Trotzdem ist dies ein Fall, bei dem sich zu viele Menschen instinktiv nicht auf die Seite der Polizei, sondern auf die Seite der Räuber stellen... Die meisten von uns scheinen entschlossen zu sein, auf kleine Steuerbetrüger mit belustigter Toleranz zu schauen - sogar ihr Spiel mit Bargeldzahlungen ohne Buchführung für erbrachte Dienstleistungen - und dabei völlig zu ignorieren, dass sie ihren gerechten Anteil an der Steuerlast auf unsere Schultern legen."

Weiter im Buch wird der "Nachbar von nebenan mit dem festen Gehalt" mehr Möglichkeiten finden sich den Steuerlosen anzuschließen, falls er noch nicht einige davon aufgegriffen hat. Ein kommendes Kapitel wird sich mit den Sorgen um die Ausbeutung von illegalen Einwanderern und dem Mangel an Sicherheit befassen. Zudem werden Sylvia Porters Ängste vor dem Zusammenbruch der Gesellschaft durch die bereits vorhandene umfangreiche Literatur zur Wirtschaft im freien schwarzen Markt beantwortet. Das heißt, wie kann sich die Counter-Ökonomie ausdehnen und die Wirtschaft des Staates überwältigen, um eine freie Gesellschaft zu schaffen. Und wie diese Counter-Ökonomie den unterdrückten und wütenden Menschen verkauft werden kann, die bereits bis an ihre Verständnisgrenzen kämpfen, wird im letzten Kapitel des Buches behandelt.

Welcher gerechte Anteil an der Steuerlast -falls überhaupt- entsteht, wird in der finalen Theorie am Ende des Buches beantwortet. Aber nicht nur die relativ freien Menschen in den Vereinigten Staaten haben die Möglichkeit diese counter-ökonomische Wahl zu treffen. Nun wenden wir uns dem Rest der Welt zu.

2.   Internationale Counter-Ökonomie

Nachdem die Existenz des zumindest steuerlosen Teils der Counter-Ökonomie auf diesem Kontinent erörtert wurde, eröffnen sich zur Erweiterung des Konzepts zwei Richtungen: andere Bereiche der Gegenwirtschaft auf diesem Kontinent und die Counter-Ökonomie im Ausland. Es gibt auch die Kombination aus beiden - die Counter-Ökonomie über die Grenzen dieses Kontinents hinweg.

In einem freien Markt gibt es keine Grenzen. Es gibt Geografie, einen zu überquerenden Raum für Güter und Informationen und Herausforderungen, welche alle den Preis beeinflussen. Wenn der Staat jedoch imaginäre Grenzen und echte Vollstrecker wie Zollinspektoren, Einwanderungsbeamte und Finanzbehörden - ganz zu schweigen von Armeen und Marine - auferlegt, spaltet sich der Markt. Der legale Markt sieht Hindernisse, der Schwarzmarkt sieht Möglichkeiten. Für Counter-Ökonomen ist eine Grenze nur eine weitere Herausforderung, die effizient und wettbewerbsfähig bewältigt werden muss.

Einige der geschmuggelten Güter umfassen Menschen, Geld und Waren - letztere werden als Schmuggelware bezeichnet und können alles von Jeans bis Kokain sein. Ein weiteres Feld des grenzvermeidenden Handels ist der Transport von Informationen. Das kann von "Piratenrundfunk" bis hin zu industrieller und politischer Spionage reichen. Es gibt sogar die Taktik legale Waren über Grenzen zu transportieren, um von unterschiedlichen Steuervorteilen und Exportanreizen zu profitieren.

Dies könnte der beste Zeitpunkt sein, um auf Orte hinzuweisen, an denen praktisch keine Counter-Ökonomie existiert (obwohl Counter-Ökonomen aus anderen Gebieten hier möglicherweise operieren):

Der Weltraum, die Hohe See und die Freihäfen. Die rasante Militarisierung und Verstaatlichung der ersten beiden erzeugen Counter-Ökonomie und werden später behandelt. Die dritte Kategorie beschreibt Gebiete, in denen die Staaten der Welt einen Kontrollverzicht vertraglich festgelegt haben - obwohl das jederzeit widerrufen werden kann, wie beispielsweise mit Danzig und Tanger. Selbst Hongkong und Singapur wurden während des Zweiten Weltkriegs kurzzeitig besetzt. Diese Orte besitzen keine wirtschaftliche Regulation, keine Counter-Ökonomie und haben einen weit höheren Lebensstandard als die umgebenden Gebiete. Daraus kann man gewünschte Lehren ziehen.

Übrigens haben fast alle großen Länder Freihandelszonen an Flughäfen und Seehäfen, um den Transfer von Gütern von internationalen Fluggesellschaften zu ermöglichen. New York City hat eine auf Staten Island. Der prominente pädophile Roman Polanski, der in den Vereinigten Staaten festgenommen wurde, landete auf dem Weg von Frankreich nach Tahiti am internationalen Flughafen Los Angeles und hob von dort auch wieder ab. Er wurde nicht belästigt, da er klugerweise während des gesamten Aufenthalts im Flugzeug blieb. Solche Bereiche des freien Handels sind kaum das Ergebnis von staatlicher Wohltätigkeit oder Lässigkeit. Wenn ein Staat solche Vorteile für den Handel beseitigt, wird ein anderer Staat in der "internationalen Anarchie" den Service anbieten und den Anteil am Geschäft erhöhen.

Was ist mit der "Schattenwirtschaft" der Steuerhinterziehung? Gibt es das im Ausland? An vielen Orten ist die Besteuerung schlimmer als in den Vereinigten Staaten, so dass wir bei mehr Interventionen mehr Counter-Ökonomie erwarten können und daher genügend finden sollten.

Die internationale "Schattenwirtschaft"

Die Begriffe "Schwarzarbeit" in Westdeutschland und "travail noir" in Frankreich bedeuten beide "schwarze Arbeit". Wie auch immer dieser verborgene Markt genannt wird, in Europa bedeutet es, dass Arbeiter Einkommenssteuer, Sozialversicherung und oft auch andere Steuern umgehen, indem sie ihre Einnahmen nicht vollständig der Regierung melden. Arbeitgeber umgehen Sozialabgaben und in einigen Ländern auch Mehrwertsteuern. Sie vermeiden auch die Zahlung höherer Löhne an reguläre Mitarbeiter für Überstunden. Wie viele sind beteiligt? "Experten des Internationalen Arbeitsamtes in Genf schätzen, dass in Europa mindestens 5 Prozent der Gesamtbeschäftigtenzahl am verdeckten Wirtschaftssektor beteiligt sein könnten. Das bedeutet 7 bis 8 Millionen Arbeiter!" [1]

Außerhalb des Warschauer Paktes gilt Schweden in der Regel als das sozialistischste - also staatlichste - Land. "Schweden ist das am stärksten besteuerte Land in Europa und hat eine Schattenwirtschaft, die Schätzungen zu Folge mindestens 10 Prozent des nationalen Outputs ausmacht und der Regierung Steuerausfälle von 15 Prozent des Haushaltsvolumens verursacht. Der Austausch von Arbeitskraft scheint die Hauptmethode zu sein und der schwedische Staat versucht mit aller Macht gegen die counter-ökonomische Arbeit vorzugehen und seine Steuerkontrollen, die bereits zu den härtesten in

Europa gehören, zu verschärfen. Doch die Behörden scheinen einen aussichtslosen Kampf zu führen..." [2]

"Die Schattenwirtschaft in Italien wächst so schnell, dass die Regierung sie mittlerweile in ihre Wirtschaftsplanung einbezieht. Die offiziellen Schätzungen geben das Einkommen durch Schwarzarbeit für das Jahr 1978 mit etwa 10 Prozent des Bruttoinlandsprodukts oder rund 24 Milliarden Dollar an. Doch eine kürzlich durchgeführte Studie besagt, dass es weit größer ist, möglicherweise bis zu 43 Milliarden Dollar im Jahr 1979." Die gegenwirtschaftliche Arbeitsvermittlung nutzt sowohl Arbeitgeber als auch Arbeitnehmer und durchbricht sogar Klassengrenzen, auch im klassenbewussten Europa. Warum? Die Schwarzarbeiter in Italien erhalten in der Regel niedrigere Löhne, arbeiten längere Stunden und haben keine Sozialversicherung oder andere Nebenleistungen. Aber sie zahlen keine Steuern. [3] "Jeder der behauptet, dass Arbeitnehmer der Regierung vertrauen und so vor ausbeuterischen Unternehmen geschützt zu sein, müssen sich mit dieser unbequemen Realität auseinandersetzen: Mehr als sechs Millionen Arbeiter, ein Drittel der Arbeitskräfte in Italien sind heimlich beschäftigt. Und für die italienischen Arbeitgeber senkt die Counter-Ökonomie ihre Arbeitskosten, verschafft ihnen flexible Arbeitskräfte und ermöglicht es ihnen, bei Bedarf von Mitarbeitern Überstunden zu verlangen." [4]

Haben nur italienische Arbeitnehmer gegenwirtschaftliches Bewusstsein entwickelt? "Der Besitzer einer Bekleidungsfabrik - mit illegalen Arbeitern besetzt - kann seine Produkte an einen Mittelsmann verkaufen. Der Mittelsmann verkauft von einem Lieferwagen aus an einen Einzelhändler. Der Einzelhändler registriert den Kauf nicht und kann daher mit Rabatt verkaufen, weil er keine Mehrwertsteuer gezahlt hat." [5] Beachte wie sich zwischen dem ursprünglichen Produzenten und dem endgültigen Verbraucher Schichten wirtschaftlicher Aktivitäten bilden und diese Schichten gegenwirtschaftliche Schritte in der "Kapitalpyramide" bilden. [6] Kein Produktionsschritt scheint für den Staatsvertreter sicher zu sein.

"Warum hört man unter dem blauen Himmel des sonnigen Mittelmeers selten ein Wort über Deregulierung? ... Die Erkenntnis dämmert einem zuerst auf der Autostrada. Auf Straßen mit 100 km/h-Begrenzung ist das einzige Fahrzeug, was die Geschwindigkeitsbegrenzung einhält, ein einsamer Morris Minor mit britischen Nummernschildern und einem platten Reifen. An den Zebrastreifen auf den Piazzas sieht man Fahrräder, Motorroller und Ochsenkarren - aber keine Fußgänger. Diese flitzen durch die Spuren mit der Aufschrift 'Nur Busse,' wo selbst die ältesten Italiener noch nie einen Bus gesehen haben. Die Währungsvorschriften sind streng, aber Geschäfte oder Mautstellen akzeptieren alles von Dollar bis Schweizer Franken und geben als Wechselgeld fröhlich verpackten Kaugummi heraus, um einen Mangel an geprägten Münzen auszugleichen. Ein Portier im Ciritti Palace Hotel in Venedig erklärt, warum Wassertaxis das Dreifache des offiziellen Tarifs verlangen. Er zeigt stolz auf die computerisierten Einkommensteuerformulare, welche die Regierung in Rom an alle verschickt. 'Die Amerikaner haben unserer Regierung gezeigt, wie es geht,' sagt er."

Unsere Beobachterin, Frau Amiel, erkennt die Antwort ziemlich counter-ökonomisch. "Plötzlich fällt die Münze oder vielleicht der Kaugummi. Natürlich wird in Italien kaum über Deregulierung gesprochen. Warum soll man sich mit dem Papiertiger anlegen? Der wunderbare mediterrane Geist, das italienische Genie, der kluge, lebendige Fluss von Brio, hat das Problem ohne dem Staat gelöst. Die Italiener haben den gordischen Knoten durchschlagen.

"Sie können alle Regeln und Vorschriften der Welt haben; sie werden sie einfach nicht beachten. Die Italiener haben zivilen Ungehorsam zu einer feinen, subtilen Kunst erhoben. Sie haben Vorschriften zu dem gemacht, was die meisten von ihnen sein sollten - die toten Buchstaben des Verlangens anderer."
[7]

Frankreich hat weniger Steuerdruck und die "travail noir" wird auf nur 800.000 Arbeiter und fünf Milliarden Dollar geschätzt, obwohl dies zweifellos eine Unterschätzung ist. "Die meiste Schwarzarbeit findet im Sanitär-, Maler-, Dachdecker-, Elektroinstallations- und anderen Heimwerkerbereichen statt. Aber auch Schneiderei, Auto- und Lastwagenreparaturen, Friseur- und Tischlerarbeiten sind beliebt." Bisher hat niemand die Datenverarbeitung überprüft.

Selbst die Reihen der Regierung sind nicht immun. "Selbst Beamte wie Polizisten arbeiten nachts oder an Wochenenden nebenher." Dazu später mehr. Und wie sieht es mit Sozialhilfefällen aus? "Einige Personen, die hohe Arbeitslosengelder beziehen, ziehen eine Vollzeittätigkeit in der Schattenwirtschaft einer legalen Arbeit vor." [8]

Die gewerkschaftliche Staatswirtschaft erhöht den Anreiz für eine Counter-Ökonomie in Westdeutschland, wo niedrigere Steuern die Motivation sonst beeinträchtigen könnten. (Künstlich hohe Lohnsätze schaffen eine Eintrittsbarriere, wodurch Arbeitsplätze unbesetzt bleiben.) Die

32

Schwarzarbeiter bekämpfen die künstlich hohen Lohnsätze. "Klempner und Maurer, die bei offizieller Beschäftigung durch einen Auftragnehmer 17 bis 25 Dollar pro Stunde berechnen, können heimlich für die Hälfte dieses Preises eingestellt werden." [9] Es ist unmöglich einen Marktwert zuzuordnen ohne Transaktionen zu erfassen, aber deutsche Beamte schätzen den Umsatz der Schwarzarbeit auf 25 Milliarden Dollar pro Jahr, was ihrem Staat vier Milliarden Dollar an Steuern kostet - was voraussetzt, dass diese Arbeiten überhaupt ausgeführt worden wären, wenn sie besteuert worden wären.

Trügerisch und falsch ist die Aussage des staatlichen Arbeitsministeriums, dass 230.000 Westdeutsche Arbeit finden könnten, wenn Schwarzarbeit beseitigt würde. Die Millionen von Schwarzarbeiter, die dadurch arbeitslos wären, sind für das Arbeitsministerium von keiner Bedeutung.[10]

Bußgelder in Höhe von 380.000 US-Dollar wurden verhängt, wobei ein Arbeiter in Stuttgart mit 5.000 US-Dollar bestraft und mit 112.000 US-Dollar besteuert wurde, nachdem er in sieben Jahren 250.000 US-Dollar verdient hatte. Aber Bußgelder scheinen nicht zu helfen. [11]

"In Großbritannien werden diese Schwarzarbeiter 'Fiddler' genannt. Es wird geschätzt, dass jeder achte Brite mindestens 2.200 US-Dollar pro Jahr durch Nebentätigkeiten verdient und auf das inoffizielle Einkommen keinen Penny Steuern zahlt. Nach einer Schätzung macht die Schattenwirtschaft etwa 8% des Bruttoinlandsprodukts von Großbritannien aus." [12]

Diejenigen, die um die Erstickung des britischen Anreizes unter der sozialen Demokratie fürchten, können aufatmen. Die Briten betreiben Counter-Ökonomie mit den gleichen Techniken wie Amerikaner und Europäer, aber es gibt einige einzigartige Fälle.

"Ein schwer zu kontrollierender Betrug findet auf den Ölplattformen in der Nordsee statt. Viele britische Unternehmen und ausländische Tochtergesellschaften arbeiten durch das Lohnsteuerabzugsverfahren mit der Regierung zusammen und ziehen Steuern vom Gehalt der Mitarbeiter ab. Aber einige Bohrer weigern sich dies zu tun... Bislang haben etwa 8.000 Arbeiter keine Steuern auf Einkünfte von rund 90 Millionen US-Dollar gezahlt." [13]

Früher wurde die grenzüberschreitende Counter-Ökonomie zum Zweck der Steuerhinterziehung erwähnt. Einige spektakuläre Fälle von schwedischen Filmstars und englischen Rockstars sind bekannt. Hier ist die Aussage einer Lumpenbourgeoisie: "Wenn ich zu Hause arbeiten würde, könnte ich etwa 400

US-Dollar pro Woche verdienen, von denen ich Miete zahlen, Essen kaufen und Steuern zahlen müsste. Aber wenn ich die gleiche Arbeit in Deutschland oder Holland mache, bekomme ich 700 US-Dollar pro Woche, plus Mahlzeiten und eine Unterkunft. Ich nehme mein Geld in bar und zahle keine Steuern an irgendjemanden." [14]

Weiter geht es in die Dritte Welt: In Argentinien wird das Schwarzgeld ‚morocho' genannt, es ist steuerfrei und man schätzt, dass 40% aller Geschäfte betroffen sind.[15] "Der Leiter eines Bauunternehmens fasst die Situation folgendermaßen zusammen: Sie werden in diesem Land nirgendwo einen Hammer schwingen sehen, außer sie sind bereit Schwarzgeld zu zahlen." Und in den höheren Klassen: "Ein Bankier in Buenos Aires berichtet: 'Die Wohnung neben unserer wurde vor ein paar Wochen für 360.000 US-Dollar verkauft - alles in bar und alles Schwarzgeld. Es gab keine Steuern, keine Immobilienprovision, nichts außer 360.000 US-Dollar in bar." [16]

Während die Steuerhinterziehung in Japan relativ gering ist (bis jetzt), tritt die Counter-Ökonomie dort ein, wo das monopolistische staatliche Bildungssystem künstliche "Markteintrittsbarrieren" schafft (ein Begriff, den man hier häufig sehen wird). Um in die angeseheneren Universitäten einzutreten, müssen "Hintertür"-Zulassungsgebühren gezahlt werden. "Eltern haben das Äquivalent von 4.600 bis 460.000 US-Dollar an Schulbeamte gezahlt, um ihre Kinder in ihre Wunschuniversität zu bringen." [17]

Thailand, nahe dem Schwarzmarkthafen von Burma, macht das Fehlverhalten Japans wieder wett. "Die Steuerabteilung des Finanzministeriums schätzt, dass weniger als 10% der 19 Millionen Mitglieder der Arbeitskräfte des Landes Steuererklärungen abgeben." [18]

Das bedeutet, dass 90% keine Steuererklärungen abgeben. Jemand muss diese 10%, wie Falken beobachten. Nur um sicherzustellen, dass der Anreiz besteht, mitzuspielen und nicht zu petzen, "bietet ein Autoverkäufer einem potenziellen Kunden einen 'Freundschaftspreis' von 10 bis 30 Prozent Rabatt auf den Listenpreis an, wenn der Käufer in bar bezahlt und sich bereit erklärt, jegliche Unterlagen zu vergessen, die von Steuerbehörden verwendet werden könnten, um den Verkauf zurückzuverfolgen." [19]

Wenn man wieder nach Italien schaut, findet man eine noch bedrohlichere gegenwirtschaftliche Wirkung für den Staat. Es scheint, dass die Mehrheit der sechs Millionen (Schätzung von 1979 [20]) oder zwei bis vier Millionen (Schätzung von 1977 [21]) ausgerechnet die Regierungsangestellten selbst sind!

34

Die römischen Beamten, die von 8 Uhr morgens bis 13:30 Uhr arbeiten, sind für Nebenjobs am Nachmittag bestens positioniert. [22]

"Ja ich weiß, dass ich einen Job besetze, den jemand anderes braucht", sagt ein Beamter im italienischen Finanzministerium, der sein $400 pro Monat Regierungsgehalt damit aufbessert, dass er am Nachmittag in einem Immobilienbüro arbeitet und seinen Regierungsjob am Morgen auslässt, wenn ein großer Deal ansteht. "Aber ich muss auf meine Frau und meine drei Kinder achten." [23]

Der Aufstieg des britischen CB-Funks und der Schmuggel verschiedener Güter wie Drogen, Waffen und Menschen wird in den entsprechenden Kapiteln behandelt werden. Dennoch sollte man sich vor Augen führen, dass diese generierten Geschäfte steuerfrei sind: "Die Küstenwache schätzt, dass im letzten Jahr sechs bis acht Milliarden Dollar an unerlaubten Marihuana erfolgreich per Schiff in die USA geschmuggelt wurden." [24] Das ist nur ein Produkt und eine Versandmethode. Und doch "haben wir noch nichts gesehen". Lasst uns nun zu den Ländern des Ostblocks, des Warschauer Paktes und anderen Nationen übergehen, die unter Marxismus, Leninismus und anderen Varianten davon leiden.

Counter-Ökonomie im Kommunismus

Das größtenteils von einer Militärdiktatur regierte Argentinien scheint, wie wir sehen werden, eine blühende Counter-Ökonomie zu haben. Gibt es in dieser Hinsicht einen substanziellen Unterschied zwischen "autoritären" Regimen im rechten Etatismus und "totalitären" Regimen im linken Etatismus? Ein von Korruption durchzogenes Drogenparadies wie Kolumbien oder Bolivien mag eine blühende Counter-Ökonomie haben, aber wie sieht es mit Drittweltländern aus, die von marxistisch-leninistischen Regierungen gesäubert und reformiert wurden? Vielleicht ist die wichtigste Frage in diesem Bereich, ob die Macht des Staates so groß werden kann, dass die Counter-Ökonomie erdrückt wird, anstatt zu wachsen.

Vietnam könnte all diese Fragen beantworten. Schließlich gab es düstere Vorhersagen einer Katastrophe -ja sogar von der Apokalypse- als die kapitalistischen Amerikaner von den kommunistischen Nordvietnamesen vertrieben wurden. Wenn man zwischen autoritären und totalitären Staaten unterscheidet, würde man bestreiten, dass das Vietnam nach 1973 zu letzterem gehört? Ist Vietnam nicht sowohl "Dritte Welt" als auch "Zweite Welt"?

Im Juli 1976 stieß ich auf einen Bericht über Vietnam, der nachfolgend vollständig abgedruckt ist.

Die "Korruption", welche das Regime von Thieu-Ky und die US-Sergeants so verdarb, hat auch die Kader der Lao Dong (Kommunistische Partei) im "befreiten" Saigon infiziert, so der Reporter Patrice de Beer in einem zweiteiligen Artikel in der wöchentlichen englischen Ausgabe von Le Monde, der berühmten französischen Tageszeitung.

"Seit dem 30. April 1973 ist kein Dollar in die leeren Kassen von Saigon geflossen, kein amerikanischer Sack Reis ist zur Linderung der Erntemängel angekommen", berichtet Beer. An anderer Stelle beschreibt er die Szene im heutigen Saigon.

"Dennoch sind die Straßen der Stadt voller Autos und motorisierter Fahrräder. Schwärme von Prostituierten bieten ihre Dienste in der alten ‚To Do'-Straße an und auf dem Diebesmarkt werden Stapel von Stereoanlagen, Ventilatoren und anderen amerikanischen Waren angeboten, die Gott weiß woher kommen. Ich saß sogar eine Viertelstunde lang in einem Verkehrsstau fest, als ich versuchte, aus der Stadt herauszufahren."

Beer beschreibt weiterhin das Problem der neuen Gesellschaft: "Einige Mitglieder der neuen herrschenden Klasse (ein sehr kleiner Teil, wurde mir versichert, aber sehr auffällig) folgen den Fußstapfen ihrer Vorgänger und verschaffen den Prostituierten eine neue Kundschaft, insbesondere im zentral gelegenen Miramar Hotel, was von Parteikadern besetzt ist. Kellner in schicken Restaurants beklagen, dass die ‚bodoi' (Soldaten der Volksarmee) keine guten Kunden sind, weil sie kein Geld haben. 'Aber die ‚canbos' (Parteikader) sind gute Kunden. Sie sind reich und geben fette Trinkgelder.' "

Beer beschreibt anschließend, was ein Libertärer als eine voll entwickelte Counter-Ökonomie bezeichnen würde:

"Es wird gemunkelt, dass Ausreise-Visa für Hunderte von Dollar verkauft werden, dass das für Waffen und Regierungszwecke vorgesehene Benzin auf dem Schwarzmarkt landet, dass Beamte -oder Personen, die sich als Beamte ausgeben- von Familien Bestechungsgelder verlangen, um einen Ehemann oder Bruder freizulassen, der in ein Umerziehungszentrum geschickt wurde. Einige der Anführer leben in requirierten Villen, haben Autos, kaufen Möbel, Fernsehgeräte und lassen sich von der alten korrupten Bourgeoisie beeinflussen, die um ihr besiegeltes Schicksal weiß und daher nicht unbedingt

36

optimistisch ist. Diejenigen, die beschlossen haben zu bleiben, geben alles aus. Dies erklärt den Ansturm auf teure Restaurants und einen frenetischen Kaufrausch, der eine inflationäre Aufblähung anheizt."

Studenten der österreichischen Wirtschaftstheorie werden über Patrice de Beers Umkehrung von Ursache und Wirkung in seiner Inflationsanalyse lächeln und die klassische Beschreibung einer "Flucht in reale Güter" bemerken.

Beer berichtet weiterhin über die bösartigen Gerüchte über die ‚bodoi' und ‚canbos', über die Untersuchungen der Lao Dong zu Korruptionen und über die Feindseligkeit zwischen Nord- und Südvietnamesen.

"Was die Nordvietnamesen betrifft, so sind sie fassungslos angesichts des scheinbaren Wohlstands im Süden, denn ihnen wurde gesagt, dass ihre Landsleute an allem Mangel leiden. Die Demobilisierung hat gerade erst begonnen und einige der 'bodoi' wurden in der Wirtschaft eingesetzt. Ihnen werden immer noch Opfer abverlangt, um ihren 'Brüdern im Süden' zu helfen, obwohl die Südvietnamesen in ihren Augen nicht so schlecht dastehen."

Als kommunistisches Land hat Vietnam natürlich einen Fünfjahresplan. Aber es hört sich seltsamerweise an wie etwas von Ford oder Carter: "Die sogenannte Politik der 'fünf Wirtschaftssektoren' im Süden - staatlich, kooperativ, gemischt, kapitalistisch und privat - sollte noch einige Zeit fortgesetzt werden. Wie Nguyen Huu Tho betonte, muss der Staat 'die positiven Eigenschaften des Kapitalismus nutzen und seine negativen Tendenzen eindämmen'... Er fügte hinzu, dass es notwendig sei, 'flexibel und sehr realistisch zu sein und manchmal ein wenig zurückzuweichen'. In einer Situation, in der das Land offiziell auf eine sozialistische Wirtschaft zusteuert, können Prinzipien nicht mehr weiter gebeugt werden. Es sollte erwähnt werden, dass selbst im Norden ein lebendiger privater Sektor existiert, der als 'Unter-dem-Tisch-Sektor' bezeichnet wird." [25]

Das war 1976. Sicherlich hat sich vier Jahre später gegen Ende des Krieges mit den Vereinigten Staaten einiges geändert?

"Die Wirtschaft ist größtenteils auf dem Schwarzmarkt. Privat geführte Geschäfte bleiben geöffnet, aber es sind muffige Orte voller billiger, nachgemachter Lackteller und totlangweiliger politischer Abhandlungen, alles zu unverschämten Preisen.

Es gibt auch Regierungsläden, in denen Beamte und Mitarbeiter von staatlichen Unternehmen ihre monatlichen Lebensmittelrationen kaufen.

Ein Arbeiter hat Anspruch auf 13 Kilogramm Reis pro Monat - knapp unter einem Pfund pro Tag - und die Skala geht abwärts bis zum Büroangestellten, dem weniger als ein Viertelpfund pro Tag zugeteilt wird.

Es gibt selten genug Reis für alle. Es gibt auch welkes Gemüse und gelegentlich ein Stück Schweine- oder Rindfleisch." Eine elendige Szene wird nach sieben Jahren Kommunismus beobachtet, wie vorhergesagt... außer einer Sache.

"Der Schwarzmarkt wird ‚Cho Troi' oder ‚Himmelsmarkt' genannt, weil Waren im Freien ausgestellt werden. Hier in den Seitenstraßen und dem zentralen Markt mit seinen Ablegern in der ganzen Stadt befindet sich die kollektive Wirtschaft von Ho-Chi-Minh-Stadt.

Die Preise sind erschreckend hoch, aber der Markt ist der einzige Ort, an dem exotische Artikel wie Rasierklingen, schaumerzeugende Seife, frische Lebensmittel, Tonbandkassetten und anständiger Stoff erhältlich sind.

Benzin kostet hier über 15 Dollar pro Gallone und ist wahrscheinlich das teuerste der Welt. Eine winzige Rasierklinge kostet 5 Dollar und die begehrte Lux-Marke der amerikanischen Toiletten-Seife kostet 11 Dollar.

In einem Land, in dem die offiziellen Gehälter durchschnittlich weniger als 100 Dollar im Monat betragen, sind Luxusgüter wie Strom und ein Telefon zu einer Seltenheit geworden.

Der Schwarzmarkt profitiert von den offiziellen 'Intershops', die allen Ausländern offenstehen und alle wichtigen Währungen der Welt akzeptieren - aber nicht den vietnamesischen Dong, der offiziell 43 Cent wert ist." [26]

Vielleicht sind 21 Jahre nach der Revolution immer noch nicht genug. Was ist mit der Volksrepublik China, 21 Jahre nach ihrer Revolution? "In einer Razzia in Shanghai, der größten Metropole Chinas, haben die Behörden in den letzten Wochen fast 200 Schwarzmarkthändler verhaftet und Wertgegenstände beschlagnahmt, darunter Fernsehgeräte, Tonbandkassetten, Eheanleitungen und 'pornografisches Material', berichtete die Zeitung Wen Hui Bao." [27]

Wie kann man unter solch unglaublich überladenen Bedingungen Counter-Ökonomie betreiben? "Privatsphäre gibt es hier nicht; daher muss selbst ein illegales Geschäft offen geführt werden, aber die Schwarzmarkthändler sind subtiler als die meisten. Auf der belebten Zhongshan Road versammelte sich neulich eine große Menschenmenge um einen älteren Mann, der einen nagelneuen Sanyo Kassettenrekorder spielte. Sie hörten eine Weile zu und verschwanden dann in einem Café in einer Seitenstraße. Ein junger Mann kehrte mit dem Kassettenrekorder unter dem Arm zurück. Offensichtlich hatte er im Café den Besitzer gewechselt.

Eine andere beliebte Taktik besteht darin, ausländische Sonnenbrillenverkäufer zu finden, die das Etikett des Herkunftsorts auf einem Glas behalten, um die Echtheit zu bestätigen. Ausländische Sonnenbrillen, das neueste Statussymbol für Chinas Jugendliche, werden auf dem Schwarzmarkt zu enormen Preisaufschlägen verkauft, typischerweise 25 Dollar für ein Paar, was in Hongkong 5 Dollar kostet." [28]

Die chinesische Counter-Ökonomie ist weder in ihrem Umfang noch in ihrer geografischen Ausbreitung beschränkt. "Hochwertige Konsumgüter, die hier nur in begrenzten Mengen und unter staatlicher Kontrolle erhältlich sind, machen den Großteil des illegalen Handels aus, aber es gibt auch exotische Artikel. Schwarzmarkthändler wurden hier erwischt, als sie ein chinesisches Sexhandbuch mit dem Titel 'Ein Leitfaden für eine glückliche Ehe' verkauften. Und Heroin wird illegal von Hongkong in die Provinz Guangdong geschmuggelt.

Der Schwarzmarkthandel blüht in dieser Vorreiterstadt, wo 11.6 Millionen Menschen etwas wohlhabender und deutlich stilvoller erscheinen als die meisten Chinesen, aber auch die eher zurückhaltenden Orte sind nicht immun dagegen.

In einem bisher erfolglosen Versuch, den illegalen Handel in Peking zu stoppen, möglicherweise Chinas am stärksten kontrollierte Stadt, hat die Hauptstadtpolizei wiederholt den Schwarzmarkt an der Dongdon Straße durchsucht. Dennoch versammeln sich an vielen Sonntagnachmittagen junge Spekulanten immer noch am selben Ort, um Waren auszutauschen, weniger als eine Meile vom Ministerium für öffentliche Sicherheit entfernt." [29]

Dennoch sind nicht alle Regionen Chinas wirtschaftlich gleich. (Auch nicht alle Regionen der USA sind wirtschaftlich gleich.) Die an "kapitalistische" Länder angrenzenden Gebiete scheinen natürlich eine bessere Counter-Ökonomie zu haben, zumindest was die Verfügbarkeit von Waren betrifft. "Da die Provinz Guangdong im Süden Chinas neben der britischen Kolonie Hongkong liegt, scheint der Einstiegspunkt für Waren auf dem Schwarzmarkt zu sein. Sie beherbergt auch den nach chinesischen Quellen größten Schwarzmarkt Chinas in Fatshan, einer 20-minütigen Busfahrt außerhalb von Guangzhou.

Fatshan ist so gut mit Uhren, Radios, Tonbandgeräten, Taschenrechnern, Fernsehgeräten und anderen Luxusgütern ausgestattet, dass es ein Magnet für Menschen aus ganz China ist.

Sogar angewiesene offizielle Einkaufsagenten aus ländlichen Kommunen versuchen knappe Waren für den kollektiven Gebrauch zu kaufen und wenden sich an Fatshan, wenn die Vorräte in den Regierungsläden aufgebraucht sind." [30]

Man würde wahrscheinlich an diesem Punkt erwarten, dass die angrenzenden chinesischen Gebiete an Taiwan von Markthandel durchdrungen sind. "Quanzhou, was an der Küste der Provinz Fujian gegenüber der von den Nationalisten regierten Insel Taiwan liegt, ist übersät mit Verkäufern, die Dunhill, Viceroy und andere westliche Zigaretten für 65 Cent bis 1.30 Dollar pro Packung verkaufen. Sie sitzen auf staubigen Straßen und zeigen ihre Waren offen, aber sie falten ihre Stände zusammen und eilen davon, wenn sie von Kameras angesprochen werden."

"An anderen Straßenständen werden Aufnahmen von Teresa Teng angeboten, einer taiwanesischen Fackelsängerin, deren romantische Balladen -obwohl sie das Festland noch nie betreten hat- in ganz China beliebt sind. Wie die anderen Waren wurden die Kassetten geschmuggelt und stammen aus Hongkong, wie ein Verkäufer zugab." [31]

Schmuggel wird in einem gesonderten Kapitel behandelt, aber es gibt einen zu überprüfenden Aspekt. Immerhin wird der Schmuggel von den anti-marktwirtschaftlichen Kommunisten sicherlich stärker unterdrückt als von den freiheitsliebenden Nationalisten, oder? "Obwohl auf beiden Seiten Verhaftungen stattgefunden haben, scheinen sich die Nationalisten weitaus mehr Sorgen um die Unterbindung des Handels zu machen als die Regierung in Peking. Im letzten Monat wurde in Taipeh eine spezielle Ermittlungseinheit gebildet, um die Schmugglerringe zu untersuchen, sagte ein Regierungssprecher und weitere Verhaftungen sind zu erwarten. Unter dem strengen Kriegsrecht in Taiwan gilt der Handel mit dem 'Feind' -den Kommunisten- als Verrat und kann mit langen Gefängnisstrafen geahndet werden." [32]

Wenn es einen Ort gibt, an dem der freie Markt vollständig ausgelöscht worden sein könnte, dann wäre es Kambodscha, nachdem Pol Pot und die zusätzlichen Verwüstungen des Krieges ihn vertrieben haben.

"Der Schwarzmarkt erstreckt sich von Bangkok, der Hauptstadt Thailands, bis nach Ho-Chi-Minh-Stadt, früher Saigon, im Süden Vietnams. Sein Zentrum ist diese schmutzige Stadt mit kriegszerstörten Häusern und mit Wellblech bedeckten Hütten, die von Durchreisenden aus fast jeder Provinz des Landes überfüllt sind.

Sisophon liegt etwa 30 Meilen von der Grenze entfernt, wo thailändische Händler Freiluft-Supermärkte eröffnet haben, zu denen die Kambodschaner strömen, trotz gelegentlicher Räuber und Kämpfe auf dem Weg und Guerillas, die ihren Anteil am Handel nehmen." [33]

Kann nichts die Gegenwirtschaft von ihrer Aktivität abhalten? Nein. "Alles beginnt mit Gold, das an der Grenze gegen thailändische Währung, den Baht, getauscht wird. Der kambodschanische Schmuggler nutzt den Baht für seine Einkäufe, die dann hier wieder verkauft werden, in der Regel wieder für Gold. Aber dies ist nur die kleine Schleife eines scheinbar willkürlichen, aber in Wirklichkeit hoch effektiven Vertriebssystems.

Armeen von Radfahrern, die im Durchschnitt 30 Meilen pro Tag zurücklegen, machen sich von hier aus entlang der Hauptstraßen des Landes auf den Weg, insbesondere auf den Routen 5 und 6 in die Hauptstadt nach Phnom Penh. Ausladende Säcke und Kisten sind an den Fahrradsitzen festgezurrt und Bolzen von Stoff hängen manchmal hinter dem Händler und flattern, während er das Fahrrad entlangschiebt."

"Einige reisen zwischen ihren Häusern und der Grenze, andere lassen ihre Waren auf den 'freien Märkten', die in fast allen Städten florieren, zurück. Fahrradreparaturwerkstätten und Imbissbuden säumen die Straßenränder zum Nutzen der Händler, die auch zu Fuß, mit Ochsenkarren, Motorrädern, militärischen und zivilen Lastwagen und dem Zug von Phnom Penh nach Battambang, 25 Meilen östlich der Grenze, reisen." [34]

Wir alle kennen den Mangel an Produktion im demokratischen Kambodscha... oder liegt es eher an der Regierung als an den Kambodschanern? "Die seit 14 Monaten amtierende Regierung hat der Bevölkerung außer Reis von ausländischen Spendern wenig zu bieten und hat Schwierigkeiten bei der Verteilung. Deshalb müssen die meisten, einschließlich der meisten

Regierungsbeamten, auf dem Schwarzmarkt einkaufen, wo Medikamente, Uhren, Kleidung, Zigaretten und sogar japanische Kassettenrekorder und Motorräder erhältlich sind." [35]

Keine Hungersnot in Phnom Penh, von Pol Pot evakuiert und auf primitiven Kommunismus reduziert? "Auf dem geschäftigen alten Markt von Phnom Penh kann man dank des ungezügelten freien Unternehmertums eine gute gebratene Ente mit Gemüse, australisches oder japanisches Bier in Dosen und Reis aus dem Ausland genießen." [36]

Natürlich gab es in Kambodscha Entbehrungen und viele Menschen starben, aber die Counter-Ökonomie überlebte und blühte. Und wir sollten nie vergessen, dass die Counter-Ökonomie eine natürliche menschliche Aktivität ist. Es gibt Menschen in Kambodscha, die trotz der schlimmsten Drohungen, die eine Regierung aussprechen kann, und trotz all der Beispiele von Todesdrohungen, die in die Tat umgesetzt wurden, ihre Motivation behalten und produzieren. Es sind diese gierigen, herzlosen, feigen, profitorientierten, spekulativen Unternehmer, denen ihre Mitmenschen gleichgültig sind und die nach allen Berichten die einzigen sind, die Kambodscha vor der totalen Hungersnot retten. Diese Hungersnot wurde von dem kommunistischen Menschenfreund Pol Pot und seinem ebenso kommunistischen Gegenspieler Heng Samrin verhängt.

Vielleicht ist es die letzte Ironie, dass nicht nur Thailands rechtsgerichteter Markt die kambodschanische Counter-Ökonomie versorgt, sondern auch die Counter-Ökonomie von Samrins Verbündetem selbst! "Obwohl der meiste Handel mit Thailand stattfindet, gibt es auch einen bedeutenden Handel in beide Richtungen mit Vietnam. Konsumgüter wie Tee, Seife, Früchte und Fahrradteile finden ihren Weg nach Kambodscha. Aber die Vietnamesen, die manchmal mit Lastwagen kommen, um Hilfe oder Nachschub für ihre Truppen zu liefern, bringen auch thailändische Waren zurück, die sie den Kambodschanern mit Gold abkaufen." [37]

Counter-Ökonomie im Zweiten Welt

Es bleibt noch eine letzte Möglichkeit auszuschließen, bevor man zu dem Schluss kommt, dass die Gegenökonomie nicht unterdrückt werden kann. Im Gegenteil, je größer der Staat, desto besser gedeiht die Gegenökonomie. Vielleicht sind alle kommunistischen Staaten Asiens oder Südamerikas (Kuba) zu neu, zu orientalisch (was in der Regel korrupt bedeutet) oder einfach zu schwach, um der Macht des Weltkapitalismus zu widerstehen. Wenn diese

42

Einwände irgendwo widerlegt werden können, dann in den Staaten des Warschauer Paktes - des Ostblocks, wo die Union der Sozialistischen Sowjetrepubliken im Namen von Marx und Lenin weit mehr Einfluss hat als die kapitalistische NATO und ihre Handlanger.

Polen wird wegen des Aufstiegs der Solidarność als Ausnahme betrachtet und deshalb als schlechtes Beispiel für unsere Beweisführung akzeptiert. Der Aufstieg der Solidarność muss dann aber der gegenökonomischen Bewegung zugeschrieben werden, weil sie sich trotz aller Unterdrückung und Repression organisiert und Streiks durchgeführt hat.

Polnische Gesetze. Tatsächlich waren die Ursprünge der meisten Gewerkschaften gegenökonomisch, auch in den Vereinigten Staaten. (Was daraus wurde und warum, wird weiter unten behandelt.)

1976 kam es in Polen zu Massenunruhen, die durch den Aufstieg von Solidarność beruhigt wurden. "Der polnische Ministerpräsident ordnete an, die Preise für Grundnahrungsmittel, Lebensmittel, Kleidung usw. in den staatlichen Geschäften zu erhöhen. Sofort gingen die Verbraucher auf die Straße, ähnlich wie bei den Demonstrationen, die den Ersten Sekretär Gomułka stürzten und den heutigen Diktator Edward Gierek an die Macht brachten. Innerhalb von 24 Stunden setzte Giereks Premierminister seine eigenen Anordnungen außer Kraft".

"Ein Faktor, der in den meisten Presseberichten unerwähnt blieb, war die Tatsache, dass dieselben Waren teilweise in einer Reihe zugelassener Privatgeschäfte und auf dem weit verbreiteten Schwarzmarkt erhältlich waren. The Guardian' stellte fest, dass trotz der offiziellen Preiserhöhung der Schwarzmarktpreis höher war als der offizielle Preis und das Geschäft dennoch florierte." [38]

Wie frei ist der stabile Ostblock von der Counter-Ökonomie? "Im Gegensatz zu Polen dürfen Rumänen offiziell keine Fremdwährung besitzen, aber das hindert die unvermeidlichen Geldwechsler nicht daran, Ausländer auf der Straße anzusprechen. Der Schwarzmarktkurs ist seit Beginn der Krise in Polen rapide gestiegen und beträgt inzwischen das Fünffache und mehr des offiziellen Kurses. Die begehrteste Währung in Rumänien ist eine Schachtel ausländischer Zigaretten (vorzugsweise Kents). In einer Praxis, die an Bestechung und Korruption grenzt - ein fester Bestandteil des Lebens in Osteuropa - wird einem Oberkellner eine Schachtel Zigaretten zugesteckt, und Speisen und Getränke, die fünf Minuten zuvor von der Speisekarte gestrichen worden waren, tauchen plötzlich wieder auf. Ein ausländischer Geschäftsmann, der in Rumänien lebt und ein Auto mit ausländischem Kennzeichen fährt, wird von der Polizei angehalten. Eine Schachtel Zigaretten und die zuvor verdächtigen Dokumente sind plötzlich in Ordnung. Diese Zigarettenschachteln wechseln wieder den Besitzer für heimlich beschaffte Lebensmittel, hochwertige Kleidung und Hausreparaturen. Und sie schmieren die Räder der Bürokratie." [39]

Tatsächlich funktioniert ein Großteil der Counter-Ökonomie im Osten ähnlich wie zuvor beschrieben in Westeuropa: "Das System umfasst Zweit- und Drittjobs, viele davon für westliche Währung, die wiederum zum Kauf von Luxusgütern verwendet werden kann. In Ungarn, Polen und der Tschechoslowakei hat die Schattenwirtschaft einen so hohen Stellenwert erlangt, dass viele Arbeiter mehr Zeit und Energie in diesen Sektor investieren als in ihre regulären Jobs."

"Bauarbeiter in Tschechoslowakei und Ungarn sind oft nicht länger als bis zur Mittagspause auf ihren regulären Baustellen zu finden. Viele von ihnen arbeiten zusätzlich auf ihrem zweiten oder dritten Job." [40]

Möchten Sie ein Auto in Ungarn erwerben, doch stoßen Sie auf staatliche Einschränkungen? Eine Hausangestellte eines Budapester Hotels berichtete davon, wie sie trotz kürzlicher Polizeiaktionen nach wie vor in der Lage war, ein neues sowjetisches Lada-Automodell über einen örtlichen Untergrundlieferanten zu bestellen. Die Lieferung erfolgte nach einem Monat, zu einem Preisaufschlag von 50 Prozent des offiziellen Preises und vollständiger Barzahlung bei der Lieferung.

"Ihr Lieferant erklärte einem vorsichtig vorgestellten westlichen Korrespondenten, dass das System mithilfe der offiziellen Händler funktioniere. Es werden Kunden gefunden, die seit zwei oder drei Jahren auf einer Warteliste stehen und bereitwillig ihr neues Auto zu einem gewissen Preis aufgeben und sich wieder ans Ende der Warteliste setzen lassen." [41]

Einige osteuropäische Counter-Ökonomen scheinen derzeit besser als die Arbeiter in der "freien Welt" dazustehen, da sie die Inflation schlagen. So erklärte ein Schreiner in einer ungarischen Traktorfabrik, der mit einem Preisanstieg von mehr als 50 Prozent bei den Verbraucherpreisen konfrontiert war, dass er damit leicht umgehen könne. Obwohl sein Gehalt um weniger als 10 Prozent gestiegen war, hatte er seine Gebühren für hochwertige Schreinerarbeiten, die er nachts und am Wochenende ausführte, verdoppelt. [42]

Ungarn verfügt über verschiedene Arten von Arbeitern: die unternehmerischen Arbeiter, die als "travail noir" und "Schwarzarbeiter" bezeichnet werden. Ein anderer Begriff, der in Ungarn geläufig ist, sind die "Spatzen". Diese hochqualifizierten Arbeiter wechseln ständig zwischen den Jobs und erhöhen ihre Löhne, sobald sie von einem Unternehmen zum anderen wechseln. [43]

Im Bereich der wettbewerbsorientierten Bildung könnten die Osteuropäer dem Westen in bestimmten Branchen der Counter-Ökonomie durchaus voraus sein. "In Polen hat dies eine neue Dimension angenommen, mit 'fliegenden Gymnasien', die sich mit 'verbotenen Themen' wie der Herrschaft des polnischen Stalin-Ära-Führers Boleslaw Bierut bis hin zur Wirtschaft von Milton Friedman und Paul A. Samuelson beschäftigen." [44] Wie immer fragen wir uns, wie das funktioniert.

"Während solche Vorlesungen vielleicht nur einige tausend der mehr als 100.000 Studenten an Polens Universitäten erreichen, ist der Einfluss dieser Ideen viel stärker verbreitet. Mehrere junge Männer und Frauen nahmen an einer Vorlesung des Untergrundhistorikers Adam Michnik in einer abgedunkelten Wohnung in einem Vorort von Warschau teil."

Einer von ihnen erklärte: "Meine Mitbewohner haben zu viel Angst herzukommen. Aber sie möchten es hören, also nehme ich es auf und sie hören es später." [45]

Warum gewährt Mutter Russland diese unkontrollierte Freiheit in ihren streng bewachten Korridoren? Oder hat die Counter-Ökonomie sogar den innersten Eisernen Vorhang durchbrochen? Diese Geschichte verdient definitiv ein eigenes Kapitel.

<u>Fußnoten:</u>

1. Die Schattenwirtschaft: Wie 20 Millionen Amerikaner Onkel Sam um Milliarden an Steuern betrügen. (22. Oktober 1979). U.S. News & World Report, S. 53.
2. Ebd.
3. Ebd.
4. Ebd.
5. Ebd.
6. Böhm-Bawerk, E. V. (1890) Kapital und Kapitalzins. New York: Macmillan.

7. Amiel, B. (13. Juli 1981). Die subtile Kunst des Ungehorsams. Macleans 94(28), S. 52.

8. U.S. News & World Report, a. a. O., S. 53.

9. Ebd.

10. Ebd.

11. Ebd.

12. Ebd.

13. Ebd.

14. Ebd.

15. Ebd.

16. Ebd.

17. Ebd.

18. Ebd.

19. Ebd.

20. Ebd.

21. Hoagland, J. (18. September 1977). Europäische Flut der "schwarzen Arbeit". Manchester Guardian Weekly, Washington Post-Sektion.

22. Ebd.

23. Ebd.

24. Der Krieg um den Schmuggel von Marihuana auf hoher See heizt sich auf. (5. Januar 1981). Zodiac News Service.

25. Gegenwirtschaft in Vietnam blüht. (1. August 1978). New Libertarian Weekly 3(34), S. 1, 4.

26. Los Angeles Times, Mittwoch, 23. Juli 1980, Teil IA, Seite 5.

27. Mathews, L. (7. Juni 1980). Schwarzmarkthändler und Schmuggler drängen sich, als China das Handelstor zur Welt öffnet. Los Angeles Times, Teil I, 6-7. (Die Überschrift ist ungenau, da der Artikel beweist, dass es einen Schwarzmarkt gibt, nicht dass er von irgendwoher eingedrungen ist.)

28. Ebd.

29. Ebd.

30. Ebd.

31. Ebd.

32. Mathews, L. (ohne Datum, ca. 1980) China und Taiwan gehen gegen Schmuggler vor. Los Angeles Times.

33. Gray, D. D. (13. April 1980). Der Schwarzmarkt versorgt Kambodscha mit Konsumgütern. Santa Ana Register, S. D15.

34. Ebd.

35. Ebd.

36. Ebd.

37. Ebd.

38. Freier Markt bricht rote Regime auf. (25. Juli 1976). New Libertarian Weekly 3(33), S. 1.

39. Masterman, S. und Koene, A. (24. August 1981). Ein Land begibt sich auf eine gefährliche Reise: Unheilvoll an Polen erinnernde wachsende Spannungen bedrohen das unterdrückerische Ceausescu-Regime. Macleans 94(34), S. 11.

40. Eine zweite Gesellschaft entsteht in Europa. (2. November 1979). New York Times.

41. Ebd.

42. Ebd.

43. Ebd.

44. Ebd.

45. Ebd.

3. Sowjetische Counter-Ökonomie

Eine wesentliche Annahme über die Theorie der Counter-Ökonomie besagt, dass die Größe der Counter-Ökonomie mit zunehmender staatlicher Intervention in der Wirtschaft steigt. Tatsächlich ist die Counter-Ökonomie jedoch trotz des Übergangs von Nordamerikas "beschränkten Regierungen" zu den "gemischten Wirtschaften" im Rest der Welt nicht zurückgegangen. Die Counter-Ökonomie prognostiziert, dass in totalitären Staaten fast sämtliche wirtschaftlichen Aktivitäten - auch unpolitische und ein Großteil politischer menschlicher Handlungen - außerhalb des von der Regierung sanktionierten Bereichs ablaufen. Eine Untersuchung einer totalitären Regierung würde demnach den besten Test für unsere Theorie darstellen. Ein bedeutendes Ausmaß an counter-ökonomischen Aktivitäten sollte dort beobachtbar sein.

Eine kleine Einschränkung ist jedoch angebracht, obwohl diese für unseren Test kaum notwendig ist. Diese Theorie bildet die grundlegendste Ebene unseres Verständnisses und besagt, dass kein Staat eine totalitäre wirtschaftliche Kontrolle erreichen kann. Tatsächlich entdeckte ich die Counter-Ökonomie, als ich dieser Idee zu weiteren Schlussfolgerungen folgte. Alle sogenannten totalitären Staaten - das Dritte Reich, die Sowjetunion, China und sogar Kambodscha - haben ein gewisses Maß an "privatem" Eigentum und freiem Handel zugelassen.

Dennoch werden die meisten Beobachter zustimmen, dass es in der Union der Sozialistischen Sowjetrepubliken (UdSSR) deutlich mehr staatliche Intervention gibt als in den Vereinigten Staaten. Daher sollte es auch mehr Counter-Ökonomie geben.

In diesem Zusammenhang soll der Punkt etwas ausführlicher erörtert werden. Der amerikanische Konservatismus prophezeit, dass das Unternehmertum in einem totalitären kommunistischen Staat nahezu ausgelöscht werden sollte, mit Ausnahme einiger Bibelschmuggler. Liberalismus und demokratischer Sozialismus könnten einen Widerstand gegenüber dem Kommunismus hervorrufen, welcher sich in Form von intellektuellen Dissidenten, unterirdischen Gewerkschaften und Organisationen wie "Charta 77" und "Solidarität" zeigen würde. Selbst der heute gültige Libertarismus impliziert weniger "freie marktwirtschaftliche" Aktivitäten in der finsteren Sowjetunion im Vergleich zu den aufgeklärten USA. Wenn die Counter-Ökonomie also all diese Vorhersagen widerlegt - und das tut sie - dann haben wir ein schnelles wissenschaftliches Resultat hinsichtlich ihrer jeweiligen Gültigkeit.

Was besagt die Realität? In unserem letzten Kapitel haben wir bereits starke Hinweise gefunden, als wir uns Osteuropa, China und Indochina angesehen haben. Jedoch benötigen wir einen detaillierteren und umfassenderen Blick auf ein solches Land. Trotz der florierenden Counter-Ökonomie in der Sowjetunion, welche als "schwierigster Fall" für unsere Theorie gilt, stellt sich die Frage, wo all die Millionäre geblieben sind. Abgesehen von einigen korrupten Beamten - sogar die Parteilinie der Kommunistischen Partei erlaubt eine solche Unvollkommenheit - hat jemand von russischen Millionären in den 1980er Jahren gehört?

Laut einem Bericht der Manchester Guardian Weekly vor ein paar Wochen wurden mehrere gegenwirtschaftliche Millionäre in ihren Schwarzmeer-Resorts und Datschas verhaftet. Nahezu alle Regierungsbeamte in Armenien wurden ebenfalls von der Kommunistischen Partei festgenommen und von der Presse verurteilt. Die Verwicklung der armenischen Bürokraten in einen großen Schwarz- und Graumarktring ist bekannt. Armenien hatte etwas lockerere Vorschriften und mehr private Eigentumsrechte als Russland.[1]

Man könnte argumentieren, dass Armenien trotz seiner Zugehörigkeit zur "Sowjetischen Sozialistischen Republik" nicht zum eigentlichen Russland gehört. Allerdings wurden in Armenien die Counter-Ökonomen verhaftet. Wie sieht es mit dem benachbarten Georgien aus?

Der Parallelmarkt stellt eine bedeutende wirtschaftliche Struktur dar, die unabhängig von und gleichzeitig verbunden mit der offiziellen sowjetischen Wirtschaft ist. Dieser private Sektor durchzieht jede Schicht der sowjetischen Gesellschaft. Die Menschen, die im Parallelmarkt aktiv sind, reichen von kleinen Spekulanten - welche modische Kleidung verkaufen - bis hin zu Personen mit echtem Einfluss und Wohlstand. Ein Beispiel hierfür sind die berühmten georgischen Untergrundkapitalisten Laziashvily, deren Verbindungen auch einige Top-Beamte einschließen.[2]

Was ist mit Russland selbst? "Ich erinnere mich besonders an einen sehr lebhaften Klienten, Abram Aizenberg - ein starker Mann, der mit jeder Bewegung Selbstsicherheit verkörperte. Er war etwa 70 Jahre alt und besaß zwei Fabriken, die Strümpfe und Unterwäsche herstellten und ihm ein jährliches Einkommen von mehreren hunderttausend Rubel einbrachten. Im Laufe der Jahre hatte er Kapital angehäuft, was von den Ermittlern auf drei Millionen Rubel geschätzt wurde." [3]

"Nach dem Zweiten Weltkrieg wurden die drei Glazenberg-Brüder demobilisiert, kehrten nach Moskau zurück und mussten bald feststellen, dass sie sich nicht auf ihren Veteranenstatus verlassen konnten, um eine gute Arbeit zu finden; sie waren Juden - ausgeschlossen von allen wichtigen Positionen in der Partei und im Staatsapparat. Selbst jüdische Ingenieure hatten Schwierigkeiten, in der Industrie Arbeit zu finden. Während einige die ethnische Reinheit der Unternehmer in Frage stellen könnten, ist es Moskau, von dem unser russischer Reporter spricht."

"Die Brüder Glazenberg begannen im Untergrund zu arbeiten. Nach ihrer Entlassung aus der Armee erhielt jeder von ihnen eine stattliche Summe, die den demobilisierten Offizieren zugestanden wurde - etwa 5.000 Rubel in heutiger Währung. Sie kauften eine einzige Werkstatt in einer Fabrik, um Einkaufstaschen aus Kunstleder herzustellen.

Sie erwiesen sich als talentierte Geschäftsleute, und innerhalb weniger Jahre besaß ihr Unternehmen mindestens zehn Fabriken, die Kunstleder, Kunstlederwaren und alle Arten von Kunstfaserprodukten herstellten.

Natürlich stammt das Wissen über ihre Aktivitäten aus ihrer öffentlichen Entlarvung, Verhaftung und strafrechtlichen Verfolgung. "Ein Unternehmen, das in einem so großen Umfang tätig war, konnte sich der Aufmerksamkeit der Moskauer DCMSP (Abteilung zur Bekämpfung der Aneignung sozialistischen Eigentums, der Zweig der sowjetischen Polizei, der sich mit der Bekämpfung der Wirtschaftskriminalität befasste) nicht entziehen. Tatsächlich führte die DCMSP, die über ein gut ausgebautes Netz geheimer Informanten verfügte, eine spezielle Akte über das Unternehmen der Glazenbergs." [4]

Wie konnten diese russischen Unternehmer so lange überleben und erfolgreich sein? "Eine Zeit lang hatten die umtriebigen Unternehmer keine Probleme - sie bestachen die obersten DCMSP-Beamten und zahlten ihnen zwischen 5.000 und 10.000 Rubel im Monat". Und wie wurden sie erwischt? "Aber eines Tages ließ ein niedrigerer DCMSP-Beamter die Geschichte an einen bekannten Journalisten von Iswestija durchsickern, der anfing, das Material über die Schwesterfirma zu durchforsten. Unter diesen Umständen war die DCMSP machtlos, die Glazenbergs zu retten - außer, sie sofort vor der drohenden Gefahr zu warnen, damit sie Zeit hatten, ihr Geld und ihre Wertsachen zu verstecken".

Wie ging die unbarmherzige, unmenschliche, berüchtigte sowjetische Geheimpolizei mit diesen aufgeblasenen Kapitalisten um? "Getrieben von den gegensätzlichen Druckkräften, entschied ein hoher DCMSP-Beamter in sowjetisch-salomonischer Manier, dass (1) das belastende Dossier aus den DCMSP-Akten verschwinden sollte und (2) der jüngste Glazenberg-Bruder, Lazar, geopfert werden sollte, zumindest teilweise wegen seines Playboy-Lebensstils, der sich in seinen zwei Dutzend Anzügen und der Garderobe seiner Frau, einer Ballerina des Bolschoi-Theaters, widerspiegelte".

Man fragte sich damals, ob die proletarischen Massen den entlarvten Kapitalisten verachten oder einfach ignorieren würden. "Am ersten Tag des Prozesses gegen Lazar war der Gerichtssaal gefüllt mit neugierigen Zuschauern, die einen Blick auf einen Millionär werfen wollten. Was sie sahen, war ein großer Mann von etwa 40 Jahren, mit schönen Gesichtszügen und einer völlig grauen Mähne".

Lazar Glazenberg ging, wie es sich für einen Gefangenen gehört, zwischen zwei Begleitern hindurch, die Hände hinter dem Rücken verschränkt, auf der künstlichen Beinprothese humpelnd, die das im Krieg verlorene Glied ersetzte. Aber er grüßte freundlich Freunde und Verwandte in der Menge.

Dennoch sind sich alle einig, dass die UdSSR eine besonders interventionistische und repressive Gesellschaft war. Unser Horatio Algerov wurde verurteilt und erschossen, nicht wahr? "Drei Monate später, nach der Verkündung des Urteils, verließ er ebenso ruhig den Gerichtssaal: 15 Jahre Lagerhaft unter strenger Regie". Das ist die Heimat der stalinistischen Säuberungsprozesse, bei denen die führenden kommunistischen Funktionäre - die neue russische Aristokratie - regelmäßig zusammengetrieben und erschossen wurden.

Ein widerstandsfähigerer Unternehmer hätte überleben und vorausschauend handeln können. Leider hatte Lazar Glazenberg "seinem Land gedient", indem er ein Glied zur Verteidigung des Vaterlandes verlor. "Für einen Einbeinigen ist es fast unmöglich, 15 Jahre in einem solchen Lager zu überleben. Er starb sieben Jahre nach seinem Prozess." [5] Bevor man bei dieser typisch ironischen russischen Tragödie das Taschentuch zückt, sollte man bedenken, dass der Rest der Familie mit dem Leben davonkam und offensichtlich genug Kapital hatte, um weiterzumachen.

Waren die Glazenbergs also ein Einzelfall? Selbst wenn man davon ausgeht, dass die meisten nicht erwischt und nicht angezeigt werden, gibt es viele bekannte Beispiele.

"Unter den hochrangigen Familienunternehmen im Moskauer Untergrund nahm der Bach-Clan sowohl wegen des Umfangs seiner Aktivitäten als auch wegen der Höhe seines Vermögens eine herausragende Stellung ein. Das älteste Mitglied und Oberhaupt des Clans war Isaak Bach." [6]

Alle Vertreter des Proletariats, so der Marxismus, müssten nur die Ausbeuterklasse auflösen, um frei von ihr zu sein. "Hier handelt es sich um einen Geschäftsmann der alten Generation: Vor der Revolution hatte er die Freuden des legalen Handels in der Firma seines Vaters genossen. Während der neuen Wirtschaftspolitik nach der Revolution, als Privatunternehmen für kurze Zeit erlaubt waren, kamen seine geschäftlichen Fähigkeiten voll zur Geltung. Die Läden und die Damenunterwäsche von Bach & Sons befanden sich nun in der Kuznetsky Most Straße in Moskau, inmitten der teuersten und modischsten Geschäfte der Stadt. Aber die neue Wirtschaftspolitik liquidierte bald das Unternehmen, beschlagnahmte seine Waren und schickte seinen Leiter in die Lager auf den Solowezki-Inseln."

Das ist das Ende von Bachs Anreizen und Kapital, nicht wahr? "Als Bach Mitte der 1930er Jahre aus den Lagern zurückkehrte, begann er ein neues Familienunternehmen aufzubauen - diesmal illegal. Bis Ende der 1940er Jahre war Isaak Bach nominell ein bescheidener Werkmeister in einer Fabrik für Reißverschlüsse und Sicherheitsnadeln mit einem Monatslohn von 160 Rubel. In Wirklichkeit war er der Chef eines Unternehmens mit mindestens einem Dutzend Fabriken, das Unterwäsche, Souvenirs und Kurzwaren herstellte und ein Netz von Geschäften in allen Republiken der Sowjetunion betrieb. Sein Vermögen wurde von einem Gutachter der Staatsanwaltschaft auf rund 87 Millionen Rubel geschätzt." [7]

An russischen Millionären scheint es nicht zu mangeln. Tatsächlich können wir, wie beim Pokerspiel, "die 87 Millionen sehen" und "auf 200 Millionen erhöhen", ein Beispiel nach dem anderen.

"In den 1960er Jahren wurden zwei jüngere Mitglieder dieses Clans - Boris Roifman und sein Cousin Peter Order - vom KGB verhaftet. Beide hatten etwa zehn Jahre im Untergrund gearbeitet. Der eine übergab den Behörden Werte im Wert von etwa 200 Millionen Rubel, der andere etwa drei Viertel dieser Summe". Sehen und auf 200 Millionen aufstocken? "Wenn drei relativ junge Mitglieder des Roifman-Clans 350 Millionen Rubel angehäuft haben, wie hoch könnte dann das Gesamtvermögen der Familie nach jahrzehntelangen Geschäften sein?" [8]

52

Auch den Raubrittern im Russland der 1960er Jahre fehlte es im Vergleich zu ihren amerikanischen Vorgängern der 1880er Jahre weder an Stil noch an Elan. "Der Chefermittler des KGB-Hauptquartiers fragte den Wohlhabenderen der beiden: 'Wofür brauchst du 200 Millionen Rubel? Peter Order antwortete prahlerisch: 'Nur 200 Millionen! Ich wollte 220 Millionen machen - einen Rubel von jedem Sowjetbürger.' " [9]

Wir werden später auf die russischen Millionäre zurückkommen und darauf, wie sie mit ihrem Einkommen umgehen. Die eigentliche Frage für einen Ökonomen ist - sei es ein Counter-Ökonom oder nicht - wo finden sie ihren Markt?

Der reale russische Markt

In Nordamerika blüht die Counter-Ökonomie vor allem im Bereich der "verbotenen Früchte" und in hoch besteuerten Sektoren. In Europa und Asien können wir auch die Umgehung von Handelsbeschränkungen für ansonsten legale ausländische Waren hinzufügen - Protektionismus und Schmuggel als Ergänzung. Aber in der zweiten Welt der kommunistischen Staaten gibt es zwei weitere Quellen: die Qualität und Zuverlässigkeit von Konsumgütern auf dem Schwarzmarkt und ihre Verfügbarkeit, die die meisten Nordamerikaner als selbstverständlich ansehen.

"Der Parallelmarkt bietet nicht nur bessere, meist ausländische Kleidung oder seltene Ausgaben beliebter Marken, sondern ermöglicht es zahlungskräftigen Sowjetbürgern auch, bessere medizinische Versorgung, bessere Bildung und Ausbildung, bessere Urlaube, bessere Wohnungseinrichtungen, bessere Kinderbetreuungseinrichtungen, bessere Transportmittel und sogar Ausweise, Diplome und andere Dokumente zu bekommen. Darüber hinaus nehmen nicht nur Privatpersonen, sondern auch staatliche Unternehmen, Behörden und Kollektivbetriebe häufig die Dienste des Parallelmarktes in Anspruch, um Ausrüstungen, Ersatzteile, Arbeitskräfte und Fachwissen zu beschaffen." [10]

Betrachtet man das Problem - wie es in der UdSSR besteht - ein Auto zu fahren.

Wir sollten bei folgender Darstellung im Hinterkopf behalten, dass Autos ohnehin knapp sind und wahrscheinlich ohne Bestechung nicht erhältlich sind. Versuche nun ohne der Counter-Ökonomie ein Auto zu fahren.

"In der Sowjetunion gibt es einen Mangel an Tankstellen und die existierenden Stellen haben einfach keine Ersatzteile. Ein Freund von mir hat einen Monat damit verbracht, eine Windschutzscheibe für seinen Moskvitch zu kaufen. Alles vergeblich."

Im Gegensatz zur Polizei gibt es normalerweise einen Counter-Ökonomen, wenn man einen braucht. "Schließlich kam er zu einer kleinen Straße in der Nähe einer Moskauer Autofabrik, wo ihm jemand, der sich als Arbeiter dieser Fabrik vorstellte, versprach, die Windschutzscheibe noch am selben Tag gegen eine angemessene Entschädigung zu liefern - sogar weniger als der offizielle Preis. Natürlich hielt der Arbeiter sein Versprechen." [11]

"Ein Autobesitzer im südrussischen Armawir schickte einen Brief an eine Autofahrerzeitschrift, in dem er berichtete, dass ihm an einer Tankstelle die Hilfe verweigert wurde. Aber dann mischte sich ein Arbeiter ein, der in der Nähe

In der Counter-Ökonomie bekommt man, wofür man bezahlt, daher ist Zuverlässigkeit für den Kundenerhalt wichtig. (Natürlich geben Regierungen in allen Ländern Unsummen für Propaganda aus, um die Bevölkerung von der Unzuverlässigkeit der Schwarzmarkthändler zu überzeugen - und von der unfehlbaren Zuverlässigkeit staatlicher Dienstleistungen.) Beispiele hierfür gibt es zuhauf. "Ein Autobesitzer im südrussischen Armawir schickte einen Brief an eine Autofahrerzeitschrift, in dem er berichtete, dass ihm an einer Tankstelle die Hilfe verweigert wurde. Aber dann mischte sich ein in der Nähe stehender Arbeiter ein: Lass ihn hereinfahren, sagte er. Ich werde es schnell reparieren. Und der 'scharfsinnige' Mechaniker führte die Reparatur an Ort und Stelle durch und verlangte sechs Rubel dafür. 'Fünf Rubel für mich und einen für die Kasse.' " [12] Sechs Rubel wären in einer US-Werkstatt billig.

Und weiter: "Ein anderer Fahrer aus der Stadt Jewpatoria auf der Krim beschwerte sich, dass, obwohl er sein Auto zuerst an der Tankstelle geparkt hatte, die Angestellten ihm keine Beachtung schenkten und anfingen, andere Autos zu inspizieren, die später ankamen, vermutlich weil deren Fahrer ein gutes Trinkgeld versprochen hatten. Seine Proteste halfen nicht, und was er sah und hörte, ließ ihn, wie er in seinem Brief schrieb, darüber nachdenken, ob es sich hier um ein staatliches Unternehmen oder um ein privates Geschäft handelte." [13]

Offensichtlich war es letzteres. Manch einer mag es ermutigend finden, dass ein gesetzestreuer Wirtschaftsakteur von den Massen ignoriert wird... obwohl Russland vielleicht nicht der Ort für solche Vermutungen ist. Aber man verpasst einen wichtigen Punkt im ersten Beispiel, wenn man die counter-ökonomische Notwendigkeit des abgeschlossenen Geschäfts ignoriert.

"Tausende von Geschäftsleuten wurden wegen angeblicher Verstöße gegen die sowjetische Gesetzgebung inhaftiert. Viele dieser Prozesse würden einem Ausländer ziemlich seltsam vorkommen. Das Problem ist, dass selbst die Staatsanwaltschaft in einigen Fällen nicht darauf bestand, dass die Angeklagten auch nur einen Penny für sich selbst genommen hatten. Die Angeklagten verkauften auf dem Parallelmarkt und kauften gestohlene Waren, um die notwendigen Materialien für ihre Unternehmen und ihre Kollektivwirtschaft zu beschaffen, nicht um ein Vermögen zu machen. " [14]

Diese letzte Aussage ist zweifellos verheerend. Wenn das stimmt, hat die Realität des Marktes die Fassade des Kommunismus -wie Marxisten es gerne ausdrücken- objektiv zerschlagen. Und diese Realität dringt bis ins kleinste Detail vor.

"Die Literaturnya Gazeta berichtete über zwei verurteilte Leiter von Kollektivfarmen, die gestohlene Waren von Dieben gekauft hatten. Der eine kaufte dringend benötigte Rohre für eine Arbeiterunterkunft, der andere Kisten zum Verpacken von Äpfeln. Wichtig ist, dass in beiden Fällen kein persönlicher Profit im Spiel war. Beide Kollektivbauern hatten anscheinend keine Chance, Rohre und Kisten über die normalen staatlichen Versorgungskanäle zu erhalten. Einer von ihnen fragte später verzweifelt: Was ist krimineller - Tausende Rubel an Diebe zu zahlen oder eine Ernte zu verlieren? Das war das wirkliche Dilemma, vor dem er stand." [15]

In einem Showdown zwischen den objektiven Kräften des Marktes und den subjektiven Kräften der staats-sozialistischen Ideologie sind erstere so unerbittlich, wie es die "Kräfte der Geschichte" für einen Marxisten sein müssen.

"In der Nähe eines Ortes, an dem ich in Moskau wohnte, gab es eine Metzgerei. Viele Jahre lang war dieser Laden für seine ungewöhnlich gute Fleischauswahl bekannt. Aber plötzlich verschwanden die Steaks, Lammkeulen und andere seltene Artikel."

Die Verkäufer erzählten die Geschichte eines alten Direktors, eines Juden ohne Abitur, der sich aber gut an die inoffiziellen Regeln des sowjetischen Handels angepasst hatte. Er wurde durch einen Absolventen des Plechanow-Wirtschaftsinstituts ersetzt. Der neue Direktor erklärte, dass er in seinem

Unternehmen keine Gesetzesverstöße dulden würde. Er weigerte sich, Bestechungsgelder an die Beamten des Bezirkslagers zu zahlen, und in der Folge wurde die Fleischversorgung fast abgeschnitten. Die Verkäufer konnten ihren Lebensunterhalt nicht mehr dadurch bestreiten, dass sie von dankbaren Kunden Gebühren für zurückgelassene gute Fleischstücke erhoben. Zuvor hatten sie diese Einnahmen mit dem ehemaligen Direktor geteilt und ihm ohne Registrierung dringend benötigtes Bargeld zur Verfügung gestellt. Diese Praxis wurde nun unterbunden. Aber ohne freies Bargeld konnte der Direktor die Lastwagenfahrer nicht bezahlen, die sich weigerten ohne Bezahlung ihre Lastwagen zu entladen.

Und so reagierte der Markt auf die ideologischen Äußerungen des Direktors. "Sowohl die verärgerten LKW-Fahrer als auch die Verkäufer begannen, sich beim Bezirksparteikomitee über die neuen Regeln zu beschweren. Der alte Direktor hätte solche Vorwürfe leicht aus der Welt schaffen können, indem er die Funktionäre des Bezirkskomitees bestochen hätte. Aber der neue Direktor geriet in echte Schwierigkeiten. Ohne die Versorgung mit gutem Fleisch konnte sein Betrieb den Plan nicht erfüllen. Alle waren sich sicher, dass der Direktor bald entlassen würde. Ein Happy End für diese Geschichte? "Doch dazu kam es nicht. Im Gegenteil, Steaks, Lammkeulen und Rebhühner tauchten wieder im Laden auf. Es war müßig zu fragen, wie das passiert war. Es war klar, dass der junge Ökonom endlich die wahren Regeln des sowjetischen Handels gelernt hatte, die ihm am Plechanow-Institut nicht beigebracht worden waren." [16]

So wird es gemacht

Die einfachsten ökonomischen Studien zeigen uns, dass man Kunden, Arbeitskräfte und Investitionsgüter braucht. Man kann seine eigene Arbeit nutzen, vorhandene Waren nehmen - sagen wir aus der Fabrik, in der man angeblich arbeitet - und Kunden unter Passanten, Verwandten und Freunden finden. Das geschieht in der Sowjetunion wie überall. Aber die interessanteren Fälle, die die Aktivität eines groß angelegten gegenwirtschaftlichen Handels dokumentieren, erfordern Vertriebsnetze, angestellte Arbeiter und den Handel mit anderen für Investitionsgüter (Produktion). Wie macht man das heute in Russland?

Man kann ein bestehendes Unternehmen kaufen, aber das ist nicht einfach, selbst wenn "der Verkäufer keine Rechtsansprüche hat".[17] Man kauft eigentlich ein Beziehungsnetz und das Vertrauen dieser gegenwirtschaftlichen

Akteure. Aber man kann es mit einem kalkulierbaren Risiko umsetzen und das macht man auch.

"Der potenzielle Käufer hat offensichtlich keine Möglichkeit, das potenzielle Produktions-, Verkaufs- oder Einkommenspotenzial des Unternehmens im Voraus einzuschätzen. Der Kauf und Verkauf von Untergrund Unternehmen kann daher nur in einer Atmosphäre vollständigen Vertrauens zwischen allen Parteien und Respekt vor den ungeschriebenen Gesetzen des Umfelds gelingen. In dieser Atmosphäre übergibt der Käufer dem Verkäufer ohne Quittung und Zeugen oft zehn- bis hunderttausende Rubel. In Fällen, in denen Misstrauen zwischen den Parteien besteht, wird das Geld an einen Vermittler überwiesen, dem beide Hauptakteure vertrauen, und dieser überreicht das Geld an den Verkäufer, sobald alle Bedingungen des Verkaufs erfüllt sind." [18]

Bei oberflächlicher Betrachtung des westlichen Geschäftsmodells könnte man feststellen, dass diese Methode - abgesehen von den erhöhten Risiken durch eine feindliche Nation - dem im Westen praktizierten Verfahren ähnelt. Tatsächlich kann jede wirtschaftliche Aktivität counter-ökonomisch praktiziert werden, wenn die Risiken akzeptabel sind.

Die Faszination der Counter-Ökonomie liegt nicht nur in ihrer freieren Natur im Vergleich zu erlaubten, regulierten und kontrollierten Geschäften, sondern auch in der ständigen Modifikation von Standardgeschäftspraktiken, unabhängig davon, wie sich diese im Laufe der Zeit und im Raum verändern. Wie bereits gesehen und noch zu sehen sein wird, ist es durchaus möglich, dass Modifikationen zur Risikoreduzierung oder sogar zur vollständigen Missachtung der Gesetze viel kostengünstiger sind als die Einhaltung und Konformität. Die Implikationen werden am Ende des Buches behandelt.

Das Eintauchen in die innere Mechanik eines groß angelegten counter-ökonomischen Geschäfts ist schwierig. Bestehende Unternehmen haben in westlichen Publikationen nur wenig Anreiz, ihre Tarnung offenzulegen, da diese Informationen leicht zugänglich und vom KGB oder der DCMSP überprüfbar wären. [19] Der Fall Lazar Glazenberg lieferte jedoch Einblicke in die Arbeitsweise dieses mittelgroßen Unternehmens, das trotz Aufdeckung lange Zeit erfolgreich operierte. Die Glazenberg-Brüder hatten sogar einen Vorstand.

Eine detaillierte Erklärung dazu:

"Die Position der offiziellen Fabrikleiter war ungewöhnlich in den Unternehmen der Glazenberg, da sie keine Kontrolle über die Produktions- und Wirtschaftstätigkeiten dieser Unternehmen hatten. Diese Kontrolle lag bei den Glazenbergs oder ihren ernannten Managern. Die Funktion der offiziellen Direktoren beschränkte sich im Wesentlichen auf die Verbindung mit Partei- und Staatsorganen." Über vertrauenswürdige Agenten zahlten die Glazenbergs üblicherweise zwischen 500 und 1000 Rubel pro Monat, je nach Größe des Unternehmens und Nützlichkeit des Direktors. Eine ihrer Operationen wurde unter dem Deckmantel der Firma "Fisherman-Sportsman Sporting Goods Co." in Moskau durchgeführt, und sie zahlten ihrem Direktor 1500 Rubel pro Monat, weil er den wichtigen Titel eines Helden der Sowjetunion trug." [20]

So viel zum Thema "der Bosse". Doch wie sieht es mit der Arbeiterklasse aus? Offensichtlich ist auch die Mitwirkung vieler Arbeiterinnen und Arbeiter bei der Herstellung von steuerfreier Ware erforderlich. Es ist nahezu unmöglich, die gesamte Arbeitskraft auf der Grundlage absoluten Vertrauens zu rekrutieren, aber das Glazenberg-System hat eigene Anreize geschaffen. Die Arbeiterinnen und Arbeiter waren sich bewusst, dass Waren außerhalb der offiziellen Aufzeichnungen hergestellt wurden. Doch sie waren an dem zusätzlichen Geld interessiert, das für die Produktion gezahlt wurde - dies war höher als die offiziellen Tarife und nicht steuerpflichtig. [21]

Und wie sieht es mit den benötigten Produktionsmitteln aus? "Die Glazenberg-Brüder arbeiteten mit anderen Untergrundunternehmen zusammen: Schnallen für Handtaschen, Knöpfe für Lederjacken und Etiketten wurden alle nach ihren Spezifikationen von Untergrundunternehmen in Moskau, Vilnius und Riga hergestellt. Die Hauptquelle für Materialien, und hier unterschieden sich die Glazenbergs nicht von anderen Untergrundunternehmen, war die Fabrik selbst. Hierbei handelte es sich um abgesparte Materialien aus der regulären Produktion des Unternehmens - anders ausgedrückt, es handelte sich um gestohlene Staatsmaterialien." [22]

Der sowjetische Staat war besonders an diesem angeblichen Diebstahl interessiert; schließlich verwendet er moralisch gesehen bemerkenswert ähnliche Mittel, um diese Waren überhaupt zu erwerben (wie es alle Staaten tun). Wir können dem fleißigen Staatsanwalt für den Rest unserer Informationen danken.

Die Menge der "außerhalb der Bücher" hergestellten Waren aus diesen "gesparten" Materialien war Gegenstand der Hauptstreitpunkte zwischen

Anklage und Verteidigung während des Prozesses. Der Punkt war für die Angeklagten entscheidend, denn die für die "inoffizielle" Produktion gesparte Menge an Materialien würde die Schwere der Urteile bestimmen - von 15 Jahren Gefängnis bis zum Tod.

"Die Anklage konnte beweisen, dass im Vorfeld Überschüsse durch die Anlage von Vorräten erzielt wurden. Während der Planungsphase für die Herstellung eines neuen Produkts verhandelten die Glazenberg-Brüder mit den Verantwortlichen in den Laboren oder Instituten, die für die Bestimmung der Fabrikstandards für neue Materialien sowie für akzeptable Verluste zuständig waren. Gegen hohe Bestechungsgelder haben Techniker die Verbrauchs- und Verschwendungsrichtwerte absichtlich manipuliert, um riesige Überschüsse für die Herstellung von Waren außerhalb der Bücher zu erzielen.

Während des Herstellungsprozesses wurden auch andere Arten von geheimen Einsparungen vorgenommen. Experten haben vor Gericht erklärt, dass die in der Fabrik legal hergestellten Mäntel und Jacken vermessen wurden und die Maße nicht mit den Größen auf den Etiketten übereinstimmten, da die Schnittmacher der Fabrik die Größe jedes Schnittteils reduziert hatten. Chemiker erklärten, dass sie das legal in der Fabrik produzierte künstliche Leder analysiert haben: Die Mengen an Farbstoffen und anderen Zutaten entsprachen nicht den offiziellen Spezifikationen." [23]

Bleiben wir noch ein wenig bei den Glazenbergs und lösen das letzte und entscheidende Problem: die Vertriebsstruktur.

Wir sollten davon ausgehen, dass in einem Land wie der Sowjetunion, in dem der Handel auf Großhandels- und Einzelhandelsebene ein Staatsmonopol ist, der groß angelegte Vertrieb von Schwarzmarktwaren einfach nicht möglich wäre. Die Glazenbergs widerlegten jedoch diese Annahme. Als die Brüder ihr Geschäft mit Einkaufstaschen begannen, war es für sie einfach, auch illegale Exemplare zu verkaufen. Einige Geschäfte, die offiziell Ware von der Fabrik bezogen, waren bereit, eine gewisse Menge der illegal produzierten Taschen abzunehmen. Von den Gewinnen erhielten die Ladenmitarbeiter ein Drittel, während die Glazenbergs einen Großteil einstrichen.

"Mit dem Wachstum des Geschäfts und der Erweiterung des Warenangebots mussten auch die Verkaufsstellen der Glazenbergs wachsen. Durch Freunde und familiäre Verbindungen erweiterten sie ihr Netzwerk um Geschäfte, die nicht mit der offiziellen Ware ihrer Fabrik beliefert wurden. Mit der Zeit wurde selbst dieses Händlernetzwerk für das Glazenberg-Imperium zu klein. Also wurde eine spezielle Marketinggruppe gegründet, um das Land zu bereisen und Verkaufsstellen in 64 Städten und Regionen zu organisieren." [24]

Gegenreaktion auf die Counter-Ökonomie

"Das sowjetische Regime kann sich angesichts des großen Umfangs paralleler Marktaktivitäten kaum wohlfühlen. Ein totalitärer Staat kann von Natur aus keine Initiative von außerhalb des institutionellen Systems begrüßen, da er solche Initiativen als Bedrohung für seine Kontrolle über die Wirtschaft und das Volk betrachtet. Ein totalitärer Staat mag es nicht, wenn einige seiner Bürgerinnen und Bürger zumindest teilweise finanziell vom Regime unabhängig werden - wenn ihr Wohlstand nicht vollständig vom Staat abhängt." [25]

Wenn wir die Worte 'sowjetisch' und 'totalitär' im obigen Absatz weglassen, ändert sich nichts. Kein Staat schätzt die Initiative seiner Bürger außerhalb seiner Kontrolle. Siehe die Kapitel eins und zwei, um damit anzufangen. Entscheidend ist die Hilflosigkeit des Staates gegenüber der Counter-Ökonomie und die Macht der Individuen. Dies ist nicht nur 'Macht für das Volk', sondern Macht für jeden Einzelnen.

Und selbst der totalitärste Ausdruck von Kollektivismus kann dies nicht zerschlagen. Schlimmer noch, die Counter-Ökonomie zersetzt, korrumpiert, zersplittert und zerschmettert letztendlich den Staat. Neben der Rückgewinnung seiner Bürger und der Wiederherstellung "öffentlicher Güter" (Steuerplünderung) im "privaten Sektor" "verursacht der Schwarzmarkt auch ernsthafte wirtschaftliche Verzerrungen und stört offizielle wirtschaftliche Pläne. Aus Sicht staatlicher Wirtschaftsbehörden könnten Materialien und Vorräte in anderen Unternehmen effektiver genutzt werden, welche von einigen energischen Managern auf dem Parallelmarkt beschafft werden. [26] Doch dieser "Bedarf" liegt im Ermessen der staatlichen Planer; das Volk entscheidet mittels der Counter-Ökonomie, dass der Bedarf - die Nachfrage - anders ist und das gesamte sowjetische System außer Kraft gesetzt wird.

"Moralische Überlegungen spielen hier ebenfalls eine Rolle. Untergrundaktivitäten mit ihren geheimen Operationen haben weitreichende psychologische Auswirkungen auf große Teile der sowjetischen Bevölkerung. Zudem sind private Unternehmen absolut unvereinbar mit der offiziellen kommunistischen Ideologie." [27] Der mächtige sowjetische Staat muss nicht nur die Counter-Ökonomie ertragen, sondern auch ihre Eingriffe in sein Territorium und seine Bevölkerung hinnehmen.

60

Noch schlimmer, die sowjetische Führung ist selbst nicht frei von gegenwirtschaftlicher Beeinflussung. "Es ist fair zu sagen, dass die Behörden im Grunde genommen gegen den Parallelmarkt sind, jedoch gezwungen sind mit ihm zu leben und diesen manchmal ohne zu zögern nutzen." [28] Sowohl die Zeitung Pravda als auch die Literaturnya Gazeta berichten, dass Behörden ihre Untergebenen anweisen, Materialien und andere Kapitalgüter in der Counter-Ökonomie zu suchen, um ihr Gesicht zu wahren. "Die Literaturnya Gazeta berichtet über Beamte, die Vorsitzende der Planwirtschaft drängen, auf dem Parallelmarkt zu schauen. Laut der Zeitung schlagen die Beamten den Vorsitzenden vor, deren Betriebe Ersatzteile für landwirtschaftliche Maschinen fehlen, nach diesen Ersatzteilen 'am Meeresgrund' zu fischen, um die Pläne zu erfüllen. Sie versprechen den Vorsitzenden sogar ihre Unterstützung im Falle von Problemen mit der Polizei. Die in der Literaturnya Gazeta veröffentlichte Geschichte berichtet auch von Bauleitern, die keine Nägel bekommen haben, aber von ihren Vorgesetzten aufgefordert wurden, die Pläne um jeden Preis zu erfüllen." [29]

Es ist anzumerken, dass die UdSSR die gesamte Counter-Ökonomie als illegal betrachtet, nicht nur das entsprechende Segment. Simes bietet ein drastisches Beispiel, das auch auf die CIA der USA, das Deuxième Bureau oder SDECE Frankreichs und den MI6 Großbritanniens zutreffen könnte.

Obwohl Prostitution in der Sowjetunion illegal ist, arbeitet der KGB mit vielen Prostituierten zusammen, die Kontakte zu ausländischen Kunden haben. Wenn Prostituierte in Fremdwährung bezahlt werden, zahlen sie einen Teil ihrer Einnahmen an den KGB.[30] Ist dies der offizielle Zuhälter des Volkes?

Es ist zu betonen, dass der freie Markt nicht durch eine liberalere oder libertäre Regierung wächst; vielmehr erzwingt der gegenökonomische Widerstand der Bevölkerung den Rückzug des Staates, der an verbleibender Macht festhält. "Insgesamt hat sich in den letzten Jahren in der Sowjetunion eine Art Toleranz, wenn nicht sogar Zustimmung, für bestimmte Arten von Parallelmarktaktivitäten entwickelt.".[31]

Als nächstes hören wir vielleicht, dass die Izvestia den Counter-Ökonomen wohlwollend Gehör schenkt und Leonid Breschnew die Aufhebung der wirtschaftlichen Gesetze fordert.

"In einer redaktionellen Einleitung von Izvestiya zu einem Artikel über zwei Ingenieure, welche mit den Behörden wegen genau solcher Handlungen in Schwierigkeiten geraten waren, haben die Redakteure klare Sympathie für die

Gesetzesbrecher. Diese waren gezwungen so zu handeln, um ihre 'wichtige Arbeit' ordnungsgemäß zu erledigen. Sowohl Artikel als auch Leitartikel und zahlreiche andere Aussagen von sowjetischen Journalisten und Beamten, einschließlich Generalsekretär Breschnew, rufen dazu auf, 'ungerechtfertigte Beschränkungen und kleinkarierte Regulierungen' in der Wirtschaftsverwaltung zu beseitigen." [32] Was kann man dazu noch sagen?

Der eine Fehler der Counter-Ökonomie

Es gibt noch eine Frage und ein Problem in Bezug auf die massive sowjetische Counter-Ökonomie, die beantwortet werden müssen. Die Ergebnisse werden einen starken Einfluss auf die Analyse und Untersuchung der Gegenwirtschaft in anderen Teilen der Welt haben. Bevor wir einsteigen, möchten wir darauf hinweisen, dass bisher nur eine enge Definition von Wirtschaft behandelt wurde und vieles von dem, was zur sowjetischen Gegenwirtschaft gehört - einschließlich der unterirdischen Intellektuellen sowie der berühmten "Dissidenten" in allen Künsten und Geisteswissenschaften - hier kaum zur Sprache gekommen ist.

Sie haben in westlichen Medien viel mehr Aufmerksamkeit erhalten als die reinen wirtschaftlichen Aktivitäten, für die in den Fußnoten leider nur wenige Quellen genannt wurden.

Schmuggel und Flüchtlinge werden separat behandelt. Weitere Verweise auf ökonomisch blühende Quellenbeispiele kommunistisch kontrollierter Länder finden sich in den verbleibenden Kapiteln, die kategorisch und nicht geografisch strukturiert sind. Geografische Unterteilungen sind zumindest wirtschaftlich weitgehend irrelevant. Politisch sind jedoch Counter-Ökonomen entschlossen, trotzig und sogar verächtlich international ausgerichtet.

Das Problem lautet: Wie verhalten sich wohlhabende Counter-Ökonomen mit ihrem Vermögen? Es gibt zwei Antworten darauf, wobei für die zweite Antwort noch eine Frage gestellt werden muss: "Warum wird die Gegenwirtschaft nicht gesellschaftlich anerkannt?"

Eine Möglichkeit besteht darin, dass wohlhabendere Counter-Ökonomen aus dem Osten ihr Geld teilweise mitnehmen und die Vergnügungsorte im Rest der Welt genießen. Selbst Russland verfügt über Riviera-ähnliche Gebiete am Schwarzen Meer, jedoch erfordert exzentrisches Gehabe eine Erklärung gegenüber den Behörden.

Das Schaffen von Reichtum, Wiederanlage und das Erzielen weiterer Gewinne ist jedoch weitaus häufiger ein an sich erstrebenswertes Ziel, als manche denken. James Garners Figur im Film "The Wheeler Dealers" von 1963 drückte es treffend aus: "Geld zu verdienen ist nur eine Möglichkeit, Ergebnisse zu erzielen", und dies gilt auch für das relativ freie und offene Texas. Selbst in diesen Kreisen sind Millionäre dafür bekannt, ihren Reichtum zu verbergen. Zurückhaltende Persönlichkeiten wie Getty, Hughes und Koch sind ebenso häufig anzutreffen wie die Extravaganzen von Hearst, Hunt und Hammer. Die staatlichen Offiziellen im Westen haben lediglich eine etwas kürzere Leine als ihre Kollegen im Osten.

Dennoch ist das Geldausgeben im Brezhnevland ein Albtraum. "Das Hauptziel des sowjetischen Untergrundmillionärs besteht nicht im Geld ausgeben, sondern es zu verbergen." [33]

Die Heimat von Stalin und anderen Privilegierten, Georgien, ist nicht allzu schlecht, aber die Bandbreite der Lebensstile des Untergrundmillionärs in Moskau oder Odessa unterscheidet sich zum Beispiel erheblich von dem seines Gegenübers in Georgien.

"Ein georgischer Mandant namens Golidze wurde wegen des Besitzes von zwei prächtigen Häusern, die offen und legal erworben worden waren, vor dem Obersten Gericht in Georgien angeklagt. Die Häuser waren mit Antiquitäten eingerichtet, die Golidze von Händlern in Moskau und Leningrad erworben hatte. Bei einer Durchsuchung wurden der Schmuck seiner Frau und 45.000 Rubel in bar beschlagnahmt. Golidze erklärte mir, dass das Geld einfach zu Hause aufbewahrt worden war, um den täglichen Bedarf zu decken." [34]

Also sind die Dinge in anderen kommunistischen Ländern komplizierter? "Der georgische Lebensstil wird von Untergrund-Millionären in Moskau, der Ukraine und den Baltischen Republiken überhaupt nicht geschätzt. Indem er die in seinem eigenen Namen gekaufte Gemeinschaftswohnung aufgibt, in welcher er teure Lebensmittel genießen kann, ohne sie vor den Nachbarn verstecken zu müssen ... eine bescheidene Datscha unter dem Namen eines Verwandten zu kaufen ... oder eine Reise in ein bulgarisches Resort am Schwarzen Meer zu unternehmen ... das ist in etwa der Umfang der Freuden, die sich ein Millionär älterer Generation zu gönnen wagt. Seine Hauptunterhaltung besteht darin, sich privat mit männlichen Kollegen zu treffen, und das ewige männliche Bedürfnis nach etwas Spaß außerhalb des Familienkreises wird durch mehrere Salons befriedigt, die von Frauen mit sozialen oder geschäftlichen Verbindungen zur Untergrundszene unterhalten werden. Diese Salons zeichnen sich durch Glücksspiele, nicht durch sexuelle Aktivitäten, aus."[35]

Man kann leicht erkennen, dass die Bereitstellung von Unterhaltung für die spaßliebenden, wohlhabenderen Counter-Ökonomen selbst logischerweise ein gegenwirtschaftliches Unternehmen ist. "Während der 1960er und 1970er Jahre erfreute sich der Salon von Elizabeth Mirkien in Moskau großer Beliebtheit. Ihr Ehemann war bei einer der großen Untergrundfirmen beschäftigt und verbüßte zu dieser Zeit eine Gefängnisstrafe. Im Geist der ungeschriebenen Gesetze des Milieus versorgten die Partner des Ehemanns Elizabeth jeden Monat mit einer anständigen Geldsumme, aber sie hatte auch ein Einkommen aus dem Salon ihrer kleinen Zwei-Zimmer-Wohnung. Geschäftsleute mittleren Alters versammelten sich gerne dort. Alles gefiel ihnen: Die Hausherrin selbst, eine attraktive und liebenswürdige Dame, ausgezeichnete Mahlzeiten und vor allem die Kartentische und das Roulette-Rad. Die Einsätze waren sehr hoch, denn Glücksspiele nehmen im Leben eines wohlhabenden Untergrund-Sowjetunternehmers einen sehr wichtigen Platz ein. Nur am Kartentisch oder am Roulette-Rad, in einem Haus wie Elizabeths, können sie enorme Verluste riskieren, die Euphorie des sorglosen Ausgebens spüren und sich reich fühlen." [36] Doch unterscheidet sich diese Einstellung abgesehen von der Quantität von derjenigen, die in Monte Carlo oder Las Vegas zu finden ist?

Warum wird die Gegenwirtschaft nicht zur Wirtschaft? Der bislang einzige Misserfolg der Counter-Ökonomie ist auf die mentale, spirituelle und psychologische Ebene, auf die abstrakte Ebene zurückzuführen. Wie wir im Folgenden sehen werden, sind die Intellektuellen, d. h. die Wissenschaftler und Ingenieure der Abstraktion, bisher bei der Analyse und Rechtfertigung der Counter-Ökonomie gescheitert. Deshalb operieren Counter-Ökonomen unter der Last einer unberechtigten Schuld. Der Versuch, die Counter-Ökonomie zu einer vollständigen und selbstbegründenden Philosophie - dem Agorismus - zu machen, hat gerade erst begonnen.[37]

Es fällt jedoch auf, dass Schuld und Selbstbeherrschung sowohl in Russland als auch im Westen eine offensichtliche Rolle spielen. "Unternehmer der älteren Generation versuchen nicht nur, sich selbst zu schützen, sondern auch ihre Kinder vor den Risiken der Untergrundwelt zu bewahren und sie zu Akademikern, Ärzten oder Anwälten zu erziehen." [38] Das Ziel ist es, dass die Kinder eine respektvolle und formelle Haltung annehmen. Das bisherige Scheitern, eine ausreichende Versorgung mit pro-markt-ideologischem

64

Gedankengut zu schaffen, kann als ein Misserfolg der Counter-Ökonomie betrachtet werden.

Die zukünftige Hoffnung

Diese Kinder jedoch -die Counter-Ökonomen der zweiten Generation- zeigen eine Wertschätzung für die Innovation und den Mut ihrer Vorväter, die sogar stärker ist als bei ihren Eltern. Diese Wertschätzung könnte sie dazu bringen, die Befreiung ihrer Gemeinschaft abzuschließen. Jedoch versuchen ihre Eltern, sie zurück in den kommunistischen Mainstream zu bringen. "Trotzdem bestätigen viele dieser Kinder nach ihrem Studium, und sogar nach ihrem Doktorabschluss, ihre Familientradition, indem sie in den Untergrundhandel einsteigen. Diese Unternehmer der zweiten und dritten Generation sind unzufrieden mit der Lebensweise ihrer Väter. Sie besuchen häufig teure Restaurants, in denen die Angestellten sie persönlich kennen und als angesehene Gäste behandeln - ohne ihre Handlungen dem DCMSP zu melden. Sie zögern nicht, hohe Einsätze bei Pferderennen zu setzen, auch wenn sie sich in der möglichen Anwesenheit von DCMSP-Agenten befinden. Sie kaufen Autos und Datschen zu Preisen, die 20 bis 30 Jahre ihres offiziellen Gehalts entsprechen, ohne dabei zurückschrecken. Zudem besuchen sie modische Resorts und geben ein Vielfaches ihres offiziellen Gehalts für einen Monatsurlaub aus." [39]

Ihr Widerstand und ihr "Coming Out" sind weder Torheit noch selbstzerstörerischer Mut. Die neuen Counter-Ökonomen verfügen aufgrund ihrer Erfahrungen mit den Eltern über das nötige Fachwissen und ihr Einfallsreichtum übersteigt den ihrer Eltern.

"Trotzdem bedeutet das nicht, dass die jüngere Generation von Untergrundgeschäftsleuten verrückt ist und bereit wäre, ein Jahr des luxuriösen Lebens gegen viele Jahre im Gefängnis einzutauschen. Alle Ausgaben werden durch legale Einkünfte gerechtfertigt. Eine gängige Methode besteht darin, ein Lotterielos mit hohem Gewinnpotenzial oder eine Staatsschuldanleihe zu erwerben. Manche Unternehmer der neuen Generation bestechen Bankmitarbeiter, um die Lotteriegewinner dazu zu bringen, das glückliche Los für das Zwei- bis Dreifache des Gewinnbetrags zu verkaufen. Die Hauptversicherung für die jüngere Generation erfolgt jedoch durch Bestechung von DCMSP-Beamten - hierbei übertrumpfen sogar manche ihre Eltern." [40]

Wenn jeder vollständig oder teilweise durch Eigeninteresse mit anderen Counter-Ökonomen in Russland oder anderswo verbunden ist und sich dessen vollständig bewusst ist, wird die Counter-Ökonomie unweigerlich erfolgreich sein. Die Grundlage ist vorhanden. Gemäß der Wochenzeitung Literaturnya Gazeta des sowjetischen Schriftstellerverbands zahlten Bewohner neuer Moskauer Wohnungen innerhalb eines Jahres zehn Millionen Rubel an private Handwerker für zusätzliche Verbesserungen ihrer Wohnung. [41]

Sie und Wir

Die Bestätigung dieses Zustands in der Union der Sozialistischen Sowjetrepubliken stammt von einer etablierten Quelle, dem russischen Korrespondenten der New York Times, Hedrick Smith. Er stellt fest, dass Korruption und illegale private Unternehmen in Russland, die einige Russen scherzhaft als "schleichenden Kapitalismus" bezeichnen, aus der Natur der sowjetischen Wirtschaft und ihren Effizienzen resultieren – Mangelware, Waren von schlechter Qualität und schreckliche Verzögerungen im Service. Es handelt sich um eine objektive Analyse der Situation in Russland. Sie repräsentieren mehr als nur einen Schwarzmarkt, denn neben der offiziellen Wirtschaft besteht eine florierende Schattenwirtschaft, welche einen enormen Umfang an nicht versteuertem oder halbversteuertem Handel abwickelt, der sowohl für Institutionen als auch für Einzelpersonen unentbehrlich ist. Praktisch alles, was man kaufen oder mieten möchte, kann auf informellem Wege arrangiert werden - sei es die Anmietung einer Ferienhütte auf dem Land, der Kauf eines Regenmantels oder ein Paar hochwertiger Schuhe in einem staatlichen Geschäft, die Anfertigung eines schicken Kleides durch eine gute Schneiderin oder der Transport eines Sofas durch die Stadt. Reparaturen oder Installationen von Sanitäreinrichtungen und Schallschutz an Wohnungstüren, die Behandlung durch qualifizierte Zahnärzte, die Einschreibung Ihrer Kinder in einen privaten Kindergarten, die Einholung einer qualifizierten Beratung durch einen renommierten Chirurgen für die Hausbehandlung oder der Bau von Gebäuden und Rohrleitungen auf einer Kolchose. [42]

Wie in den ersten beiden Kapiteln dargelegt, neigen Menschen im Westen dazu, schnell ein breiteres Verständnis von Schattenwirtschaft zu entwickeln. Alle Quellen in diesem Kapitel vermitteln dieses Empfinden von Differenz, das auch stimmt, jedoch mit der Implikation einer qualitativen anstelle einer quantitativen Differenz. Wenn man von solch sensationellen Fällen des Missbrauchs offizieller Positionen absieht, würde nur ein kleiner Teil der Operationen der sowjetischen Schattenwirtschaft im Westen als kriminell angesehen werden. Es gibt zweifellos in der Sowjetunion Fälle von Unterschlagung, Autodiebstahl-Ringen, Prostitution, Drogenhandel, bewaffneten Banküberfällen und gelegentlich auch von Erpresserbanden, die sich mit Uniformen, Handschellen und Papieren als Polizeieinheiten ausgeben, um Unschuldige zu erpressen - mit anderen Worten: Kriminelle, die überall kriminell wären. Darüber hinaus ist zu erwähnen, dass es auch in der Schattenwirtschaft solche Kriminellen gibt. Smiths Liste umfasst den Markt für Gewalt und Zwang, nicht den friedlichen, staatsunabhängigen Schwarzmarkt. Er erklärt weiterhin, dass ein erheblicher Teil des privaten Handelns auf dem Schwarzmarkt nicht illegal wäre, wenn der sowjetische Kommunismus einen kleinen privaten Handelssektor erlauben würde. Dieser würde legal unter ungarischen, polnischen oder ostdeutschen Marken des Kommunismus existieren. [43]

Diese Naivität ist so interessant, weil sie uns so viele Dinge sagt. Es ist wohl wahr, dass es in den anderen etwas liberaleren osteuropäischen Ländern eine leicht reduzierte Schattenwirtschaft gibt, aber Smith scheint nicht deren Ausmaße zu erkennen. Außerdem scheint er sich nicht bewusst zu sein, wie groß sie in New York City ist, seinem Heimatstützpunkt. Da New York in vielen Bereichen strenger reguliert ist als der Rest der USA - beispielsweise hinsichtlich Taxi-Lizenzen und höherer Steuersätze - gibt es dort zahlreiche Gypsy-Taxis, nicht-lizenzierte Straßenhändler von Lebensmitteln, nicht-gewerkschaftliche Zimmerleute und Umzugshelfer, Schmuggler von Tabakwaren oder "Buttleggers" sowie Händler von illegalen Substanzen und verbotenen Kopien (von Computerprogrammen bis hin zu Filmen). Vielleicht gehört er, wie die von ihm porträtierte Neue Klasse kommunistischer Aristokraten, welche in ihren abgeschotteten Vororten fernab der leidenden Moskauer Massen leben, zu einer Klasse, die solche Straßenkontakte meidet.[44]

Smith erkennt zumindest vage die revolutionären Möglichkeiten. "Das Regime steht jedoch vor einem Dilemma: Wie ein Russe mir gegenüber feststellte und bei vielen anderen damit auf offene Ohren stößt: 'Jeder im sowjetischen Einzelhandel ist ein Dieb und man kann sie nicht alle ins Gefängnis stecken.'" Und dennoch verwechselt er gegen Ende die Begriffe Reform mit Revolution. "Er argumentiert, dass die Partei weiß, dass diejenigen, die illegalen Waren in der Schattenwirtschaft hinterherjagen, sich keine Sorgen um Reformen machen. Solange die Öffentlichkeit die Schattenwirtschaft als notwendige und wünschenswerte Tatsache des Lebens betrachtet, besteht wenig Hoffnung auf Zusammenarbeit für eine strikte Durchsetzung." [45]

Die Lösung dieses Konflikts im russischen und westlichen Denken könnte den Etatismus zugunsten eines vollständig freien Marktes beenden. In diesem Fall wäre es lediglich eine Wirtschaft ohne Grenzen, ein freier Markt. Smiths Anekdote verdeutlicht die Verwirrung zwischen Wirtschaftseffizienz und Freiheit mit antisozialer Unmenschlichkeit.

Ein medizinischer Wissenschaftler, der 1974 nach seiner Arbeit an einem der führenden medizinischen Institute in Moskau in die USA ausgewandert ist, präferierte russische Ärzte aufgrund ihres menschlichen Ansatzes im Gegensatz zu proftiorientierten Privatärzten in Amerika und unterstützte das Konzept der sozialisierten Medizin. Allerdings kommentierte er auch, dass die allgemeine Qualität der medizinischen Versorgung sehr schlecht sei. 'In Rejazan, der Stadt mit einer Bevölkerung von 400.000, wo ich aufgewachsen bin, mangelt es an medizinischer Ausstattung. Es fehlen elementare Dinge, wie zum Beispiel Medikamente. Die Qualifikation der Ärzte ist weitaus niedriger als in Moskau. Allerdings ist das größte Problem im System die schlechte Organisation und der unfähige Pflegedienst. Die Sterilisation durch die Krankenschwestern lässt sehr zu wünschen übrig.' Nach Operationen hatten wir auch in unserem Institut, was eines der besten ist, viele Sepsis, eiternde Wunden, Infektionen und Eiterbildung. Die Krankenschwestern waren nicht sauber genug. Sie machten Fehler bei den Operationen. Unser Institutsdirektor wurde sehr wütend, weil er wunderschöne Operationen durchführte und dann diese Infektionen auftraten. Oftmals bekommt das mittlere Personal kein gutes Gehalt und ist weder zuverlässig noch kompetent. Einmal musste ich aufgrund einer Blinddarmentzündung in einem normalen Bezirkskrankenhaus in Charkow operiert werden. Dort herrschte ein so erschreckend schmutziger Zustand, dass man es sich kaum vorstellen kann. Die Laken waren durch lange Benutzung grau, die Kleidung des Krankenhauspersonals nicht ausreichend sauber. Besondere Sorge trugen sie mir bei, da ich von einem wichtigen Institut in Moskau kam, dennoch habe ich mich letztendlich infiziert und nicht nur ich allein. Ich sah einen Mann in meiner Anwesenheit nach einer Blinddarmoperation sterben, wegen dieses Problems." [46]

Dies ist die Planwirtschaft in der am stärksten verstaatlichten Region der Welt. Es ist kein Wunder, dass die Menschen nach kaltherzigen, profitorientierten Marktteilnehmern suchen, die saubere, präzise, antiseptische Operationen in Massenproduktion kostengünstig durchführen - oder wenn ihnen dies verwehrt wird, werden sie Schwarzmarkthändler aufsuchen, die es weniger kostengünstig anbieten, aber dem Kunden geben, was er oder sie wünscht. Dimitri Simes sagt: "Der Parallelmarkt ist ein wesentlicher Bestandteil des sowjetischen Lebensstils. Und nur grundlegende wirtschaftliche und soziale

Reformen können ihn auslöschen."[47] Aber können diese Reformen grundlegend genug sein, das heißt, wird der Staat sich selbst abschaffen?

Die Kräfte des Marktes, die die marxistisch-religiösen Kräfte der Geschichte überwinden, lassen möglicherweise keine andere Wahl. Konstantin Simis weist darauf hin, dass Korruption - das Gegenteil der Etatisten selbst - vermeidbar ist, jedoch spricht seine Schlussfolgerung für sich. "Es erscheint eine abschließende enthüllende Absurdität. Offensichtlich stehen sich der sowjetische Staat und die gesamte Struktur des Untergrundunternehmertums in absolutem Konflikt und Widerspruch gegenüber. Dennoch sind diese Gegner auf seltsame Weise miteinander verbunden. Sie sind durch Korruption verknüpft. Es könnte kein weitverzweigtes Netzwerk illegaler Unternehmen geben - nicht für ein Jahr, nicht einmal für einen Monat -, ohne die Komplizenschaft und Korruption des ebenso umfangreichen sowjetischen Apparats, der für die Durchsetzung der Gesetze gegen Wirtschaftskriminalität zuständig ist. Diese offizielle Kriminalität ist weit verbreitet, von niederrangigen Amtsträgern bis zur höchsten Elite - ein schwerwiegendes Problem, das nicht nur den Staat, sondern die gesamte sowjetische Gesellschaft beeinträchtigt. Dies ist eine Folge eines Systems, das darauf ausgerichtet ist, die grundlegenden Impulse der persönlichen Freiheit zu unterdrücken."[48]

Dieses System ist nicht sowjetisch oder sogar kommunistisch, sondern etatistisch. Es existiert und wächst in Nordamerika. In den nächsten Kapiteln werden wir sehen, wie Nordamerikaner und gelegentlich auch der Rest der Welt mit der bürokratischen Welt umgehen. Wir werden uns zunächst das größte Netzwerk von Kleinunternehmern in der Counter-Ökonomie ansehen, den Drogenmarkt in all seinen Aspekten und dessen Definitionen von Drogen. Und danach ergibt sich das größte Problem der Counter-Ökonomie, sowohl im Osten als auch im Westen: Geld, seine Kontrolle und die verheerenden Mechanismen der Inflation.

Kapitel Drei ist vollständig dem Thema der Counter-Ökonomie in Russland gewidmet und Smith ist die erste Person, die neben mir selbst den Begriff "Gegenwirtschaft" verwendet, obwohl er nicht "Counter-Ökonomie" oder "Counter-Ökonomen" benutzt. Eine Kommunikation mit ihm ergab keine Kenntnis meiner vorherigen Verwendung im Februar 1974 (vor einem Publikum des Free Market Forum in Kalifornien und anschließend in Hunderten von libertären Publikationen). Sein Buch ist übrigens empfehlenswert.

Fußnoten

1. Freier Markt bricht rotes Regime auf. (1976, 25. Juli). New Libertarian Weekly 3(33) S. 1.
2. Simes, D. K. (1975). Der sowjetische Parallelmarkt. Washington, DC: Center for Strategic and International Studies, Georgetown University, S. 25.
3. Simis, K. (1981, 29. Juni). Die Untergrund-Millionäre Russlands. Fortune, S. 37.
4. Ibid., S. 38-39.
5. Ibid.
6. Ibid.
7. Ibid.
8. Ibid.
9. Ibid.
10. Simes, D. K. a. a. O., S. 70.
11. Ibid.
12. Ibid., S. 7.
13. Ibid.
14. Ibid., S. 16.
15. Ibid., S. 17.
16. Ibid., S. 18.
17. Simis, K. a. a. O., S. 40.
18. Ibid., S. 41.
19. Ibid.
20. Ibid.
21. Ibid.
22. Ibid.
23. Ibid., S. 41-42.
24. Ibid., S. 42.
25. Simes, D. K. a. a. O., S. 21.
26. Ibid.
27. Ibid.
28. Ibid., S. 22.
29. Ibid., S. 23-24.
30. Ibid., S. 24.
31. Ibid.
32. Simis, K. a. a. O., S. 49.
33. Ibid.

34. Ibid.

35. Ibid.

36. Siehe zum Beispiel J. Neil Schulmans Roman "Alongside Night" (Crown Hardcover, 1979; Ace Taschenbuch August 1982).

37. Simis, K. a. a. O., S. 47.

38. Ibid.

39. Ibid.

40. Simes, D. K., a. a. O., S. 1, Anmerkung 1.

41. Smith, H. (1977). Die Russen. New York: Ballantine Books, S. 112-113.

42. Ibid., S. 132.

43. Während Smith in Russland lebte, lebte der Autor in New Yorks East Village in einer Gruppe von Apartments von Hardcore-Gegenwirtschaftlern und arbeitete von 1972 bis 1975 auf counter-ökonomische Weise mit illegalen Einwanderern aus Neuseeland und Australien zusammen.

44. Smith, a.a.O., S. 133.

45. Ibid., S. 94-95.

46. Simes, D. K., a.a.O., S. 25

47. Simes, D. K., a.a.O., S. 50

48. Ibid.

4.   Counter-Ökonomie der Drogen

Anstatt das einfache counter-ökonomische Verständnis des Drogenmarktes zu vermitteln, machen die vorgefassten Meinungen und Vorurteile es zum schwierigsten Kapitel des Buches. Trotzdem sollte das Thema direkt und offen angegangen werden. Das Problem liegt nicht bei den Mechanismen - auch wenn diese oft falsch dargestellt werden - sondern in der starken Irrationalität, welche dem Thema innewohnt. Der Begriff "Drogenmissbrauch" ist dringend korrekturbedürftig.

Für viele Menschen sind illegale Drogen und der Schwarzmarkt untrennbar verbunden. Die Counter-Ökonomie im Zusammenhang mit Drogen umfasst den Konsum, die Produktion, den Anbau, das Vertriebsnetzwerk, die Finanzierung, den Transport und Schmuggel sowie sogar die Verwendung von Drogen als alternative Währung. Diese Themen wurden von High Times bis zur New York Times in der populären Presse diskutiert.

Drogenaufklärung

Wenn wir über den Verkauf von Acetylsalicylsäure sprechen würden, um den monopolistischen Preis von 'Bayer Aspirin' zu unterbieten, wären kaum Bedenken zu erwarten. Ist ein Missbrauch von "Aspirin" möglich? Medizinische Experten warnen vor einem erhöhten Risiko von Magenblutungen bei Überdosierung. Daher scheint ein Missbrauch durchaus vorstellbar. Acetylsalicylsäure ist ein pharmazeutisches Produkt, das in Drogerien erhältlich ist. Warum gibt es keine Warnungen vor einem Missbrauch von "Aspirin"?

Betrachten wir doch die Situation bei Tabak. Obwohl Tabak durch strenge Anti-Werbevorschriften stark beschränkt und höher besteuert wird als alles andere, bleibt er legal. Nikotin, der aktivste Bestandteil von Tabak, wird in der sozialen Akzeptanz irgendwo zwischen Koffein und Tetrahydrocannabinol (Kaffee und Marihuana) eingestuft und ist ebenso ein "Rauschmittel" wie diese beiden. Heutzutage ist es immer noch legal und ein viel gescholtenes Anti-Problem.

Sollte der letzte Schritt zum vollständigen Verbot von Zigaretten und Pfeifen morgen unternommen werden, würde dies zweifellos einen Bürgerkrieg in Nordamerika auslösen. Obwohl Raucher sich schon so lange damit abgefunden haben, ständig von den Medien genervt und bei Cocktailpartys schikaniert zu werden, solange sie ihre "Dosis" bekommen, werden sie aufsässig und massiv jedes den Zugang verwehrende Gesetz missachten. Bedenke, dass eine

72

Mehrheit der Menschen -aller Altersgruppen, beider Geschlechter, aller Rassen und selbst in den ärmsten Teilen der Welt- Tabak raucht.

Ein Schritt von Aspirin zu Tabak, ein weiterer zu Alkohol. Alkohol ist zwar weniger verbreitet, aber auch stärker in seiner Wirkung und kann bei übermäßigem Konsum beeinträchtigen. In der Zeit der Prohibition wurde Alkohol sogar verboten.

Die Prohibition wurde nicht durch politische Reformen, organisierte Revolutionen oder sogar Straßenaktivisten besiegt - obwohl all dies in den 1920er Jahren in den USA vorhanden war. Fast jeder weiß, dass Alkohol damals reichlich und leicht zu einem Preis erhältlich war, der sich kaum vom legalen und besteuerten Preis unterschied. Der Preis für den Einstieg in diesen Markt war so niedrig, dass man oft vor Senatoren und sogar Sheriffs ohne Strafe trinken konnte - trotz des zusätzlichen Risikos.

Das Scheitern der Prohibition war der spektakulärste Triumph der Counter-Ökonomie in den Vereinigten Staaten. Alkohol "in Maßen" (was auch immer das bedeutet) ist mittlerweile völlig akzeptiert.

Leider ist er fast ausschließlich auf dem offiziellen Markt erhältlich und wird stark besteuert, einzig und allein Tabakprodukte übertreffen diese Besteuerung.

Lasst uns noch einen Schritt weiter zur Droge Marihuana gehen. Tetrahydrocannabinol, zumindest wie es in Joints (im Gegensatz zu Haschisch Öl) zu finden ist, hat eine geringere Wirkung als Alkohol. Dennoch ist seine Popularität in der allgemeinen Bevölkerung geringer. Daher ist es illegal.

Der mit Marihuana verbundene Bereich der Counter-Ökonomie ist so groß, dass er nahezu jeden Nordamerikaner und viele Menschen in anderen Teilen der Welt betrifft. Der nächste Abschnitt wird die Behauptung belegen, aber zuvor wird ein anderes Argument präsentiert.

Lasst uns einen Schritt im Drogenspektrum überspringen: Was ist mit Arsen und Cyanid? Diese Stoffe sind nicht nur legal, sondern auch nicht wirklich reguliert. Gibt es eine illegale Droge, die so schädlich ist und so wenige "positive" Nebenwirkungen hat? Warum werden Arsen und Cyanid nicht als die gefährlichsten Drogen betrachtet? Menschen konsumieren sie. Doch in den meisten Berichten wird nie von "einem weiteren Todesfall im Zusammenhang mit Arsen" oder "Missbrauch von Cyanid" gesprochen. Stattdessen wird üblicherweise von Suizid gesprochen.

Egal wie potent und "bedrohlich" Heroin, Opium, Lysergsäurediethylamid oder Amphetamine auch sein mögen - sie liegen in jeder Schätzung zwischen Alkohol und Arsen - sie werden von einem großen Teil der Gesellschaft als etwas "Besonderes" angesehen und verfügen über beträchtlichen politischen Einfluss. Ist es dann ein puritanischer Hass auf Vergnügen? Wie steht es mit dem Verbot von Laetrile (das auch zum Zeitpunkt dieses Schreibens ins Wanken gerät)?

Drogen sind keine Giftstoffe, außer wenn sie zu diesem Zweck gewählt werden. Sie sind keine heilenden Medikamente, außer wenn sie für diesen Zweck gewählt werden. Sie sind keine Mittel zur Unterhaltung, um der Realität zu entfliehen, oder zur Stimulation, außer wenn sie für diesen Zweck gewählt werden. In Kurzform sind chemische Substanzen irrelevant für jedes "Drogenproblem" - Drogenmissbrauch ist ein selbstgewählter Missbrauch.

Die Entscheidung für die richtige Wahl ist ein schwieriges Problem, das im weitesten Sinne religiös oder spirituell ist. Die Wahl der falschen Drogen (und fast jeder wählt einige, egal wie "mild" oder unschädlich sie sein mögen), ist ähnlich wie die Wahl der falschen Religion vor einigen Jahrhunderten - man wird als Ungläubiger, Ketzer oder Heide verfolgt. Allerdings gibt es auch Mitstreiter, die diese Überzeugung teilen und unterstützen, respektieren und sogar vor Verfolgung schützen.

Es besteht ein großer Unterschied zwischen den meisten bekannten religiösen Praktiken und der Verwendung von Drogen: der Handel mit körperlichen Gütern. Obwohl es einen großen Markt für Religionen gibt, provoziert das Verbot von damit verbundenen materiellen Gütern nur geringfügig die Anhänger und verfestigt oft ihre Überzeugungen.

Das Verbot von Drogen entmutigt einige marginale Käufer, härtet aber genauso oft die Konsumenten ab und vertieft ihre Hingabe. Würde es die Marihuana basierte Gegenkultur geben oder die zumeist im rechten Sektor gelebte Laetrile basierte Gegenkultur, wenn der Staat ihre Droge der Wahl nicht unterdrückt hätte?

Und tatsächlich ist die Grenze zwischen Drogenkultur und Religion oftmals verschmolzen: Peyote konsumierende Indianer-Stämme, die Rastafari Bewegung, die zahlreichen "akzeptierten" Religionen, mit ihren Regeln und Beschränkungen gegenüber Wein, Nahrung und Diäten (orthodoxe Juden und fundamentalistische Christen).

Die Wahl der Religion ist in den meisten Ländern nicht länger die Angelegenheit des Staates. Zumindest in den aufgeklärten Ländern des Westens wird die Wahl von Drogen zunehmend als Frage des individuellen Gewissens betrachtet. Bis sich diese Ansicht durchsetzt, bleibt der Drogenmarkt - abgesehen von der Steuervermeidung - der größte Sektor der Counter-Ökonomie, wenn es um Rekrutierung und Bewusstseinsbildung geht.[1]

Die Pyramide des Drogenkapitals

Um die Weite der Verknüpfungen im Drogenmarkt zu verstehen, muss man ein wichtiges wirtschaftliches Konzept vorstellen und eine Fehlvorstellung verwerfen, welche größtenteils durch die von verschiedenen staatlichen Ebenen und Behörden geführten Drogenkriege entstanden ist. Letztere ist der Mythos der Mafia oder der "organisierten Kriminalität"; ersteres ist das Konzept der Kapitalpyramide. Das eine ist gewissermaßen das Spiegelbild oder die Verdrehung des anderen.

"Organisierte Kriminalität" ist ein zu komplexer Begriff. Wenn du und deine Nachbarn gemeinsam Steuern oder die Wehrpflicht umgehen oder Drogen verteilen und konsumieren - alles, was der Staat als Verbrechen ansieht - seid ihr Teil einer "Verschwörung". Durch die Zusammenarbeit begeht ihr ein zusätzliches Verbrechen und werdet als organisierte Kriminelle angesehen. Die Regierung sieht das sehr ungern.

Der formale Grad dieser Gruppe kann sehr niedrig sein. Ihr müsst eure Handelspartner nicht einmal persönlich kennen; ihr trefft euch einfach, tätigt eine Transaktion und seht euch möglicherweise nie wieder.

Der Markt organisiert unabhängig von der Ware spontan Angebot und Nachfrage. Die Menschen müssen diesen flüchtigen Kontakten keine Bindung, Zuneigung oder Unterstützung beifügen. Aber als Mensch neigen wir dazu und werden später in diesem Kapitel auf diese Erweiterung des Bewusstseins oder der Bewusstseinsbildung eingehen. Der Aufbau einer großen Struktur, die über viele Grenzen hinweg Landwirtschaft, Verarbeitung, Versand, Veredelung, Großhandel und Vertrieb beinhaltet, erfordert keine langfristige Verschwörung oder formale Organisation wie ein Syndikat oder die Mafia.

Gangster, die Mafia oder wie auch immer sie genannt werden, sind nicht der Drogenmarkt oder auch nur ein Teil der Counter-Ökonomie; vielmehr sind sie der Staat im Staat. Sie fallen über die Counter-Ökonomen her, indem sie "Schutzgeld" erheben, den Handel regulieren und Kriege führen. Die Cosa

Nostra, die Purple Gang und andere haben in der Counter-Ökonomie keine Funktion, sondern agieren wie Parasiten, ähnlich wie die offizielle Regierung auf dem Wirtschaftsmarkt. In bestimmten rückständigen Gemeinden und Vierteln werden Gruppen von verängstigten Menschen als echte Beschützer toleriert oder sogar unterstützt, genauso wie autoritäre Regierungen von Menschen in ungebildeten Ländern akzeptiert werden. Doch in den "heißen" Drogenmärkten der amerikanischen Universitäten und insbesondere in Südkalifornien gibt es solche Gangster einfach nicht.

Wenn der Pate den Schwarzmarkt nicht leitet, wer oder was macht es dann? Anstatt einer sizilianischen Schwarzen Hand wird der Markt - ohne staatliche Einmischung oder trotz dessen - von Adam Smiths Konzept der 'unsichtbarer Hand' gelenkt.

Jemand erkennt die Bereitschaft der Menschen für Drogen zu bezahlen und dass der erreichbare Gewinn den erforderlichen Aufwand aufwiegt. Eine andere Person erkennt, dass es Händler gibt, welche für eine große Menge einer Droge viel Geld zahlen - und diese Händler teilen die Ware in Einzelhandelseinheiten auf und erhöhen für ihren Aufwand den Preis. Noch jemand anderes sieht die Gelegenheit, ein chemisches Labor einzurichten, um Drogen zu veredeln und sie an einige Großhändler zu liefern, und ein anderer sieht den Gewinn darin, Drogen für einige Handelspartner zu schmuggeln. Und wieder jemand anders erkennt den Wert darin, Schmuggler in ihrem Heimatland mit Waren von Bauern der Region zu beliefern. Die Bauern verdienen so ein paar zusätzliche Dollar, Pesos oder Baht. Und die Bauern erkennen den Wert darin, Regierungsbeamte zu umgehen oder zu bestechen, um ein wenig mehr von einer verbotenen Ernte anzubauen.

Diese "vertikale" Marktstruktur wurde als wirtschaftliches Konzept von Eugen von Böhm-Bawerk entdeckt und als Kapitalpyramide bezeichnet. Böhm-Bawerks Theorie besagt, dass die Pyramide umso höher wächst, je fortschrittlicher der Markt ist. Das bedeutet, dass sich die Basis verengt und die Höhe durch mehr Schichten wächst. Die Produktionsschichten und Verbraucher bilden dabei verschiedene Ebenen in der Pyramide. Immer mehr Reichtum wird auf frühere Produktionsstufen übertragen - dennoch hat das Endprodukt eine feinere Qualität und/oder einen niedrigeren Preis. Die Kapitalpyramide des Drogenmarktes steht der Produktion von Raumfähren in nichts nach - und sie wächst, trotz einer wörtlichen Armee von Regierungsagenten, die bis an die Zähne bewaffnet sind und auf alle schießen.[2]

Wenn etwas die unaufhaltsame Natur der Counter-Ökonomie beweisen kann, dann der Triumph der Kapitalpyramide des Drogenmarktes gegenüber der bewaffneten Macht des Staates. Hier ein paar Beweise.

Der zweite weltweite (Drogen)Krieg

Man sagt, dass wenn der Mensch nicht aus der Geschichte lernt, er dazu verdammt ist, sie zu wiederholen. Obwohl wir immer noch nicht vollständig von Weltkriegen genesen sind, ist es zumindest eine längere Zeit her, seitdem der letzte stattfand. In den 1920er Jahren verhängten die Vereinigten Staaten ein Verbot für Ethanol in allen seinen Formen, während mehrere kanadische Provinzen lokale Verbote aufhoben, da sie sich als erfolglos erwiesen hatten. Im Jahr 1933 endete das Verbot von Alkohol, das den Ersten Weltkrieg begleitet hatte und über Grenzen hinweg und auf hoher See geführt wurde. Kurz darauf verstärkte der Staat in allen Ländern seine Unterdrückung von Tausenden anderer Substanzen, die Menschen zur Freude, Flucht oder Stimulation konsumierten. Dann kamen die 1960er Jahre mit neuen Philosophien und dem Aufstieg von psychedelischen Drogen. Der Staat hat einen neuen Kampf gegen Drogen wie Lysergsäurediethylamid, Peyote und STP ausgerufen, während der alte Kampf gegen Drogen wie Cannabis Sativa, Amphetamine und Beruhigungsmittel verstärkt wurde.

"Krieg" ist hier keine Metapher. Die US-Küstenwache berichtet, dass US-Kanonenboote in den letzten Monaten bei zwei separaten Gelegenheiten gezwungen waren, direkt in die Schiffsplanken von Schiffen zu schießen, die Marihuana transportierten. Die Küstenwache sagt, dass dies das erste Mal seit der Prohibition vor fast 50 Jahren war, dass Schmuggelboote tatsächlich von Schiffen der Küstenwache beschossen und getroffen wurden.

"Kommandant John Hayes sagt, dass bis zu den beiden jüngsten Zwischenfällen, bei Beschlagnahmungen auf hoher See höchstens einige Warnschüsse vor den Bug erforderlich waren, um das Schiff zur Kapitulation zu zwingen. In beiden Zwischenfällen gab es keine Verletzungen. Immer mehr Schiffe versuchen, die Küstenwache mit ihren Schnellbooten und wertvollen Einzelladungen zu überholen, da Marihuana ein lukratives Geschäft geworden ist. Die Küstenwache schätzt, dass im vergangenen Jahr Marihuana im Wert von 6 bis 8 Milliarden Dollar erfolgreich von Schiffen in die USA geschmuggelt wurde."[3]

Die USA eröffneten hauptsächlich durch die Drug Enforcement Administration (DEA) mehrere Fronten in ganz Zentral- und Südamerika, an beiden Enden Asiens und in Westeuropa - ein wahrer Weltkrieg. Allerdings stammt die größte Rohstoffquelle für die Drogenproduktion aus einheimischer Produktion, wie wir anhand von Kalifornien und Hawaii zeigen werden. Es ist nichts Fremdes am Drogenhandel, sondern der Markt ist völlig international.

Kolumbien wird von United Press International als "Pot-Imperium" beschrieben. Riohacha ist die Hauptstadt des Bundesstaates La Guajira und der Knotenpunkt von Kolumbiens größter illegaler Industrie - dem Anbau und Schmuggel von Marihuana in die Vereinigten Staaten. Es ist auch ein wichtiger Außenposten im Kampf der Regierung, um den Drogenhandel zu reduzieren, der das legitime Geschäft des Landes zu überschatten droht.[4]

Die Schätzungen des gesamten kolumbianischen Drogengeschäfts variieren, aber es wird allgemein auf etwa 2 Milliarden Dollar jährlich geschätzt. Ein großer Teil des "Pots" landet in den Händen internationaler Händler mit Sitz in den Vereinigten Staaten.[5]

Kolumbien ist auch ein Verteilungs- und Verarbeitungszentrum für verschiedene Drogen aus verschiedenen Ländern. Es unterhält auch mit die meisten Arbeitskräfte im Bereich der Counter-Ökonomie. "Kolumbien ist auch eines der Länder, in denen Kokain aus Peru und Bolivien für den Versand in die Vereinigten Staaten verarbeitet wird, hauptsächlich von Banden, die aus den Städten Medellín und Cali operieren. Die weiße Substanz macht jedoch weniger als die Hälfte des Dollarwerts des Marihuana Handels aus und erfordert eine viel kleinere Arbeitskraft als die 150.000 Personen, die am Marihuana Handel beteiligt sind." [6]

Um ein wirkliches Gefühl für das Ausmaß dieser speziellen Branche zu bekommen, muss man eine Augenzeugenbeschreibung betrachten. "Auf einem Armeestützpunkt außerhalb von Riohacha stapeln Soldaten große in Jutesäcke eingewickelte Ballen in T-Shirts und Kampfhosen. Tonnen von 'Santa Maria Gold', erstklassiges Marihuana von den Hängen der Santa Maria Mountains, wurden in der jüngsten Militäroperation beschlagnahmt und für ein Vernichtungsfeuer vorbereitet.

"Ein Dutzend beschlagnahmter Lastwagen stehen in einer Reihe. Ein paar Meter entfernt befinden sich die zerstörten Überreste eines kleinen Flugzeugs, was vermutlich während einer Marihuana Mission auf der Autobahn nahe der Armeebasis abgestürzt ist... Bis Ende Juni hatten die Streitkräfte 80 Flugzeuge im Norden Kolumbiens beschlagnahmt, fast alle davon waren in den Vereinigten Staaten registriert. Dazu gehörten eine DC-7, eine DC-6, ein Convair und drei ehrwürdige DC-3 sowie viele kleine zweimotorige Flugzeuge. Von dieser Gesamtzahl waren 23 Flugzeuge bei gefährlichen Landungen auf provisorischen Landebahnen abgestürzt. Insgesamt wurden auch 72 Boote, 308 Fahrzeuge und 879 Schusswaffen beschlagnahmt."

"In derselben Zeit wurden 1.169 Verdächtige festgenommen. Nur 186 Ausländer und der Rest Amerikaner. Die Armee gibt an, dass sie fast 38.000 Tonnen Marihuana zerstört hat, darunter 50.000 versandbereite Ballen und die geschätzte Ernte von 25.250 Hektar. Sie hat auch 2,2 Millionen für den Export vorbereitete Amphetamintabletten beschlagnahmt und 34 Kilogramm Kokain, offensichtlich von Marihuana Schmugglern außerhalb der Haupt-Kokainroute." [7]

Dieser massive Drogenfund hat sicherlich das kolumbianische Drogengeschäft zurückgeworfen, oder? "Wir schätzen, dass wir weniger als 10 % der Gesamtproduktion in die Hände bekommen haben", sagte ein Armeeoffizier grimmig.[8] Man beachte, dass die Steuersätze in den meisten Ländern über 10 Prozent liegen.

In unserem aktuellen Beispiel sehen wir, wie eine counter-ökonomische Kapitalpyramide eine große Gemeinschaft mit gemeinsamem Interesse für den Schutz eines Schwarzmarktes aufbaut. "Die Ursache für das Problem ist das Geld - Dollar und Pesos, die die Bauern dazu drängen, das Risiko des illegalen Drogenanbaus einzugehen. Auch Polizisten, Soldaten und Richter, die schlecht bezahlt werden, lassen sich durch das Geld verleiten, im Drogenhandel mitzuwirken. La Guajira ist schon lange als arme Region in Kolumbien bekannt, wo Schmuggel als normale Art des Lebens betrachtet wird. Die einheimische Bevölkerung heißen Besucher mit derselben herzlichen Wärme willkommen, wie Bergbewohner in Tennessee Steuerbeamte empfangen."[9] Der Vergleich stimmt, wie wir festgestellt haben.

"Ernesto Samper, der Präsident einer nationalen Föderation kolumbianischer Finanzinstitute, schätzte, dass 150.000 Kolumbianer ihren Lebensunterhalt mit Marihuana verdienen, wobei fast alle davon kleine Bauern mit Familien sind, die als Drogenkuriere auf niedrigem Niveau arbeiten. Wenn Kolumbien die Produktion legalisiert hätte, hätte es vergangenes Jahr fast 146 Millionen Dollar an Steuern einnehmen können, anstatt einen vergleichbaren Betrag für die Strafverfolgung auszugeben."[10]

In den vorherigen Kapiteln wurden weitere alternative Verwendungszwecke für die Steuerausgaben zur Strafverfolgung aufgezeigt.

Diese eifrige staatliche Offensive gegen den Drogenhandel ist untypisch. Wenn wir vom lateinamerikanischen Schauplatz dieses Weltkriegs in den Nahen Osten wechseln - wo israelische, arabische, christliche und UN-Soldaten zahlreich vertreten sind – sehen wir eine andere Haltung.

"Nicht weit von den Erntearbeitern entfernt winkten Soldaten träge die Autos auf der Autobahn weiter. Für sie war das Haschisch nur eine weitere Ernte. Einige behaupten, dass es eines der besten Haschisch-Sorten der Welt sei. Sie nennen es "Libanesisches Rot", "Libanesisches Blond" und andere Namen. Es wird aus der Marihuana-Pflanze, in dieser Region der Welt als Indischer Hanf bezeichnet, hergestellt und als Öl oder in flachen Stücken, ähnlich wie Schuhsohlen, vermarktet."[11]

Mit Ausnahme der Militärpräsenz wiederholt sich die kolumbianische Szene im Libanon. Haschisch wird mit Lastwagen, Booten und Flugzeugen transportiert und soll bis zu einem Drittel des gesamten Einkommens des Landes ausmachen. Obwohl der Libanon nur den Anschein einer Regierung hat, florieren dessen Banken und Haschisch ist einer der Hauptgründe dafür. "Wir können zweifellos behaupten, dass die Produktion von Haschisch die größte Industrie des Landes ist", sagte ein westlicher Diplomat, der den Drogenhandel in der Region überwacht. Es ist schwierig, genaue Zahlen zu ermitteln, aber ungefähr 80% des Bekaa-Tals werden für den Anbau von Haschisch genutzt. So viel Land ist mit indischem Hanf bepflanzt, dass das Tal, eine der reichsten Agrarregionen der Welt, nicht mehr genug Obst und Gemüse für den Libanon produzieren kann." [12]

Die meisten legalen Industrien sind bei weitem nicht so groß. Kann diese eine Drogenindustrie so riesig sein und dennoch vom Staat verboten werden? "Und obwohl der Anbau von Haschisch technisch illegal ist, wird die Ernte jedes Jahr direkt vor der Nase des Gesetzes eingebracht - oder was vom Gesetz übrig ist. Der den Verkehr regelnde Soldat kommt nicht umhin zu bemerken, dass das Haschisch geerntet wir und kommentiert: Der Anbau ist illegal, aber es ist nicht unsere Aufgabe, es zu stoppen. " [13] Die bürokratische Reaktion steht der unaufhaltsamen freien Marktwirtschaft gegenüber.

Und der Markt antwortet. Der Reporter der oben beschriebenen Szene interviewte einen nahegelegenen Bauern. Er stand am Rand seiner Ernte, die in wenigen Tagen geerntet und dann in einem kleinen Schuppen getrocknet werden würde. Dann würde ein Mann vorbeikommen, um es zu inspizieren und die Qualität der Pflanzen zu beurteilen, bevor er sich auf einen Preis einigte. "Das ist der beste Weg meine Familie zu ernähren", sagte der Bauer. "Ohne Haschisch wäre ich ein armer Mann." [14]

Obwohl einige das Regierungssystem im Libanon als zusammengebrochen beschreiben mögen, gibt es sicherlich genügend Armeen - meist bestehend aus religiösen Gruppen mit starken Anti-Drogen-Lehren - die im Land auf und ab marschieren. Selbst mit weit mehr Regierungen als üblich, überlebt die Counter-Ökonomie. "Es wird die Geschichte eines Züchters erzählt, der zwei Militärfahrzeuge - Panzer - besitzt, um seine Felder zu schützen. Es mag eine Übertreibung sein, aber es ist wahr, dass die Felder praktisch nie gestört werden. Zu viele Menschen haben ein Interesse an der Ernte. Und es ist allgemein akzeptiert, dass die Züchter Schutzgeld an die vielen bewaffneten Milizen zahlen, die in der Gegend tätig sind." [15]

Das verzahnte Netzwerk breitet sich horizontal auf allen vertikalen Ebenen der Kapitalpyramide aus. Ein Experte sagte, dass ein Teil des Haschischs in benachbarte Staaten im Nahen Osten geflogen wird und ein Teil über Syrien in die Türkei und von dort aus weiter nach Europa transportiert wird. Der Hauptkunde dort soll die Niederlande sein. Das meiste Haschisch wird jedoch im Nahen Osten konsumiert. Ägypten ist der größte Käufer." [16]

Die drogenbasierte Counter-Ökonomie umfasst auch Hochfinanz, bis hin zum internationalen Bankensystem. Die Bauern und Mittelsmänner werden oftmals mit mehrmals ‚gewaschener' US-Währung bezahlt, bevor es den Libanon erreicht, um Drogeneinheiten auf die falsche Fährte zu führen. Eine Quelle nannte das Beispiel eines Käufers, der Geld aus Amsterdam auf einer Schweizer Bank hinterlegte. Das Geld wurde nach Venezuela transferiert, dann nach Taiwan und schließlich zu einer Bank in einem der persischen Golfstaaten, bevor es schließlich in Beirut ankam. Die libanesischen Behörden schätzen, dass im letzten Jahr 250 Millionen Dollar im Zusammenhang mit dem Haschischhandel in das Land geflossen sind. Für dieses Jahr wird die Schätzung doppelt so hoch sein... "Die Banken sind voller Geld", sagte ein westlicher Diplomat. [17]

Auf dem Kriegsschauplatz im Fernen Osten finden wir einige Unterschiede in den Details, aber die grundlegenden Prinzipien der Counter-Ökonomie bleiben vertraut. "In Flugzeugtoiletten versteckt, im Baseball eingenäht oder am Körper der Schmuggler befestigt, erreicht das pakistanische Heroin in immer größeren

Mengen amerikanische und westeuropäische Städte und verursacht internationale Besorgnis", sagen US-amerikanische und pakistanische Beamte. Der Anbau von Opium ist in diesem Tal und anderen großen Mohnanbaugebieten Pakistans stark zurückgegangen. Aber die Überbleibsel reichen anscheinend für eine Reihe von unterirdischen Labors aus, die in den letzten Jahren das erste Heroin des Landes produzieren. [18]

In Erinnerung daran, dass die Counter-Ökonomie keine staatlichen Grenzen anerkennt, sind wir nicht überrascht, eine vollständige Zusammenarbeit auf dem Markt entlang dieser Kapitalpyramide zwischen Menschen verschiedener Nationalitäten und religiöser Gruppen zu finden. "Mindestens fünf iranische Chemiker waren in dem halbautonomen Stammesgebiet in der nordwestlichen Grenzprovinz bekannt, wo die junge Heroinindustrie ihren Sitz hat und wo Strafverfolgungsbeamte keine Zuständigkeit haben." [19]

"Heroin ist viel einfacher zu transportieren - und zu verbergen - als das aus Mohn gewonnene rohe Opium, von daher lohnt sich die Umwandlung. Zehn Kilogramm (22 Pfund) rohes Opium kosten auf dem derzeitigen Markt hier etwa 300 US-Dollar und ergeben ein Kilogramm Heroin. Diese Menge Heroin wird in Pakistan für etwa 10.000 US-Dollar verkauft, in Westeuropa für mindestens 45.000 US-Dollar und an der Ostküste der USA für 175.000 US-Dollar, sagte ein Beamter der US-Botschaft. Sobald das Heroin in den Händen amerikanischer Dealer ist, wird es geschnitten und in kleinen Portionen verkauft. Die Einnahmen für solche Dealer belaufen sich auf Millionen von Dollar aus einem einzigen Kilogramm." [20]

Die Counter-Ökonomie ist für den Staat unverwundbar, nicht weil sie die gleichen staatlichen Konzepte von Angriff und Verteidigung verwendet, sondern durch Marktmethoden - eine den Staatsgläubigen fremde Denkweise. Sie berücksichtigt staatliches Handeln sowie Angebot und Nachfrage. "Es gibt einen Überschuss an billigem Opium in Pakistan aufgrund gestörter Bedingungen auf den traditionellen Märkten am 'Goldenen Halbmond' im Iran und in Afghanistan. Der Guerillakrieg hat den Versand von rohem Opium durch die afghanischen Bergpässe zu riskant gemacht und die durch das iranisch revolutionäre Regime verhängte Todesstrafe für Drogendealer hat ihre Begeisterung für den Handel gedämpft. Um die Lücke zu füllen, haben pakistanische Drogenunternehmer das Raffinierungs-Know-how gesichert und entweder persische Golfseewege oder die zahlreichen direkten Luftverbindungen in den Westen genutzt, um das Heroin zu schmuggeln." [21]

Die Austauschbarkeit von Methoden in der Counter-Ökonomie ist für Unternehmer äußerst nützlich. Selbst wenn man die involvierten Drogen als unschön empfindet, könnte man dennoch wertvolle Techniken zur Risikominderung lernen. Innerhalb der Drogenindustrie kann eine Produktlinie für eine andere lehrreich sein.

"Eine Reihe von unabhängig agierenden Iranern wurde im vergangenen Jahr aufgrund ihrer Unerfahrenheit in den USA erwischt", sagte ein amerikanischer Beamter. Aber die Pakistaner waren schlauer und nutzten Netzwerke, die sie zuvor für Haschisch aufgebaut hatten. Pakistan hat in der Vergangenheit nicht den gleichen Inlandsverbrauch wie der Iran. Durch die expandierenden Heroin-Raffinerien fürchten Drogenfahnder jedoch, dass die Nachfrage nach Opium steigen wird. [22]

Im Jahr 1980 war das wirtschaftlich angeschlagene Jamaika mit der sozialistischen Regierung unzufrieden und wählte Edward Seaga. Ein Teil von Jamaikas Problem war seine chronisch negative Zahlungsbilanz - eine Bilanz, die natürlich keine counter-ökonomischen Exporte enthielt. Seaga warb damit, den Handel mit Marihuana zu legalisieren und Marihuana in die Zahlungsbilanz aufzunehmen. Dieser Schachzug hätte Jamaika eine positive Bilanz verschafft und die Bänker des Internationalen Währungsfonds beruhigt.

Anstatt eine Rückkehr zu soliden Buchhaltungspraktiken und einer Erweiterung des freien Marktes zu akzeptieren, erhöhten die USA die ausländische Hilfe und vergaben Kredite. Die USA hätte durchaus Zugeständnisse an die große lokale Religion Jamaikas -die Rastafaris- machen können. Die Rastafaris stellen eine dritte Kraft in der jamaikanischen Politik dar, sind aber größtenteils antipolitisch, zweifellos aufgrund ihres kontinuierlichen Kontakts mit der Realität des Marktes. (Rastafaris haben dank der aktuellen Beliebtheit von Reggae, ihrer Musikrichtung, die mit Punkrock verbündet ist, ein Vertriebsnetzwerk in den USA und UK.)

Die US-Regierung zögert nicht andere Staaten zu stürzen oder zu destabilisieren, wenn sie sich auf der falschen Seite des Zweiten Welt-Drogenkrieges befinden. Die anti-kommunistische Junta in Bolivien, die 1980 eine demokratische Regierung gestürzt hat, wurde durch die DEA und CIA destabilisiert. General Torres Problem war nicht seine gleichgültige Missachtung der Demokratie und der "Menschenrechte" (keine Regierung respektiert Menschenrechte) und sicherlich nicht seine Opposition gegen den bolivianischen Sozialismus; er wurde leider verdächtigt der wichtigste militärische "Schutz" der bolivianischen Drogenindustrie zu sein.

Als Staatsoberhaupt in der Counter-Ökonomie zu agieren, ist ein Widerspruch in sich. Deshalb war es für General Torres nicht notwendig, zusätzliche Instabilität zu schaffen. Trotzdem lässt das Ausmaß, in dem viele angesehene Zeitschriften und Zeitungen diese Geschichte ungeprüft akzeptiert haben, auf ihre Glaubwürdigkeit schließen. Berichterstatter aus Bolivien sind davon überzeugt, dass die Geschichte glaubwürdig ist.

Während die Drogenkrieger in Kolumbien, im Libanon und in Pakistan verlieren und in Bolivien und Jamaika die Linie halten, wird der Krieg an der Heimatfront entschieden. Im Gegensatz zu den Weltkriegen, bei denen das US-Festland unberührt blieb, sind die amerikanischen Staatsgläubigen machtlos, gegenüber der massiven Invasion der kontinentalen Vereinigten Staaten. Zudem gibt es eine massive Abkehr eines großen Teils seiner Bürger zur "feindlichen Seite".

Drogenkriege: Die Heimatfront

Bundesbeamte behaupten, dass der Bundesstaat Florida einen schweren wirtschaftlichen Schlag erleiden würde, wenn der Staat den expandierenden Kokainmarkt in den USA stoppen könnte. Die US-amerikanische Drug Enforcement Administration schätzt, dass drei Viertel des importierten Koks in die USA heute durch den Bundesstaat Florida kommen und der Straßenwert dieser Ware übersteigt 10 Milliarden Dollar pro Jahr.

Das Journal des Suchtforschungsinstitut schreibt, dass in Florida so viel mit Kokain zusammenhängendes Bargeld generiert wird, dass zahlreiche Banken in Florida von dem illegalen Kokainmarkt abhängig geworden sind. Laut einem Bundesbeamten, der vom Journal zitiert wird, würde der Immobilienmarkt in Florida "zusammenbrechen", wenn der Kokainhandel plötzlich gestoppt würde, angeblich weil ein hoher Prozentsatz von Floridas Grundstückskäufen und Häusern mit Geld aus dem Kokainhandel zusammenhängt. [23]

Die gleiche Kapitalpyramide, das gleiche horizontale Netzwerk und die gleichen weltweit gesehenen Betriebsweisen und Methoden zur Risikoreduzierung sind auch in den Vereinigten Staaten zu Hause. In dem Land der Welt, wo die Regierung am meisten darauf bedacht ist, das Teufelskraut und das Killer-Kokain zu zerschlagen. Aber sicherlich würde das Fernhalten dieser bösen Ausländer mit ihren schmutzigen Gewohnheiten (siehe Kapitel Zehn

84

über Einwanderung) die Drogengefahr beenden? Selbst Hawaii, der Staat mit üppigen Marihuana-Plantagen und einem Terminmarkt für Cannabis-Ernten, würde durch eine strenge Seeblockade abgeschnitten werden?[24]

Für all diejenigen, die bereit sind, an den Stränden, den Ufern und an den Landeplätzen zu kämpfen, das Heimatland ist bedauerlicherweise gefallen. Der größte Markt der USA - Kalifornien - ist auch buchstäblich von Grund auf größtenteils autark.

"In den abgelegenen Hügeln und unzugänglichen Tälern Nordkaliforniens ist es Zeit für die sogenannte 'glückliche Ernte'. Das Gras steht hoch wie die Augen eines Elefanten in der schimmernden Mittagshitze. Aber der gelegentliche Besucher sieht selten die hoch gewachsenen, gezackten Pflanzen, die in getarnten, mit Fallen versehenen und bewachten Anbauflächen versteckt sind. In diesem Herbst ist es eine Rekordernte, die irgendwo zwischen 500 Millionen und 1 Milliarde Dollar wert ist - wahrscheinlich das wertvollste Bargeldprodukt im Goldenen Staat, der Kornkammer Amerikas. Und viele Leute - Kleinkriminelle, die Mafia, Polizisten in Hubschraubern, Trupps von Hilfs-Sheriffs, Bundesdrogenagenten - wollen dieses Produkt den Züchtern entreißen." [25]

Die kalifornische Drogenlandwirtschaft entwickelt sich auf der Ebene von Baumwolle oder den "fließenden Ozeanen von goldenem Getreide" - wir sprechen hier von ganzen Bezirken.

"Die Ernte besteht aus gewöhnlichem Hanf, Cannabis Sativa - Marihuana - und hat in den letzten drei Jahren das soziale und wirtschaftliche Leben eines riesigen Gebiets mit fünf Countys im Norden Kaliforniens -von San Francisco bis zur Grenze nach Oregon- verwandelt. Es ist natürlich illegal, aber in diesen 41.000 Quadratkilometer rauer Landschaft finden Kleinbauern die Risiken für das jährliche steuerfreie Einkommen von mindestens 200.000 Dollar durchaus lohnenswert." [26]

Politiker werden nicht unbedingt "gekauft". Es gibt Orte wie die "Potvilles" im Norden Kaliforniens, seltsam benannte Städte in den Wäldern - Willits, Garberville, Ukiah - wo konservative alteingesessene Bewohner und scharfe, junge, universitätsgebildete Unternehmer eine ungewisse Allianz haben. Sie wollen, dass das Gesetz und die politischen Bosse in Sacramento, der Hauptstadt des Bundesstaates, sich aus ihrem Geschäft heraushalten: In diesem Gebiet, das lange Zeit unter einer Flaute in der Holzindustrie gelitten hat, ist Marihuana ein Segen. Dennoch versuchen die Politiker auf den Zug aufzuspringen. Der Staats-Senator Barry Keene hat angekündigt, dass er einen Gesetzesentwurf vorantreibt, der den Anbau von Marihuana entkriminalisieren soll. Laut Keene gibt es keine gesundheitlichen Nachteile durch Marihuana und er erkennt ein millionenschweres Geschäftspotential in seinem Wahlkreis. Einige Mitglieder der Handelskammer haben Keene gebeten zu erwägen, Marihuana zu entkriminalisieren, da sie dies für sinnvoll halten. Würde das nicht die Wirtschaft verbessern, die Steuereinnahmen erhöhen und neue Arbeitsplätze in einem Gebiet mit hoher Arbeitslosigkeit schaffen? [27]

Es ist fraglich, ob die IRS noch mehr Steuerzahler einbinden könnte, die hingegen ist bereits Counter-Ökonomie vielfältig und schafft reichlich Arbeitsplätze - nicht nur ohne staatliche Intervention, sondern trotz und in Missachtung derselben.

Wie immer sehen wir in diesem Beispiel des Drogenmarktes die Kapitalpyramide und das horizontale Netzwerk der Counter-Ökonomie. Marihuana ist nicht nur eine gute Ernte, es lässt die Grundstückspreise steigen, wie Immobilienmakler Roy Johnson bestätigt. "Es ist nicht meine Aufgabe, dem Finanzamt zu melden, woher diese Leute ihr Geld bekommen. Es wäre Diskriminierung, wenn ich ihnen den Landverkauf verweigern würde." Deshalb gibt es in der Hauptstraße von Garberville mehr Immobilienbüros als Bars. [28]

Ein Politiker scheint für eine neue Prohibition bereit zu sein - ähnlich wie 1933 in den Drogenkriegen. Ted Eriksen Jr., der landwirtschaftliche Kommissar des Mendocino Countys, hat den Status der Branche anerkannt und die Produktionszahl des Countys im vergangenen Jahr auf 90 Millionen Dollar geschätzt. Eine höhere Autorität hat anschließend den Eintrag gestrichen. Der freundliche und entspannte Eriksen, dessen Vorfahren seit dem Beginn des Jahrhunderts hier leben, sagt: "Ich denke, es ist eine Sache, Geld mit illegalen Waren zu verdienen und eine andere, damit anzugeben. Während der Prohibitionszeit hat mein Vater Weintrauben in einer Kiste mit der Aufschrift 'DAS NICHT ZERDRÜCKEN. ES KÖNNTE ZU WEIN WERDEN' außerhalb des Staates verschickt. Ich sehe keinen großen Unterschied zu dem, was heute passiert. Marihuana ist das wichtigste Agrarprodukt des Bezirks. Bei dieser Ernte wird es mehr als 100 Millionen Dollar einbringen. Diejenigen, die das nicht anerkennen wollen, stecken den Kopf in den Sand." [29]

Glücklicherweise werden die fanatischen Drogenkrieger diese kompromissbereiten und pragmatischen Ideen niederschlagen, für diejenigen, die einen unversteuerten, unregulierten und gegenwirtschaftlichen Markt wünschen.: "Nächstes Jahr [1982] sind Wahlen in Kalifornien, also sehen ehrgeizige Landespolitiker das Ganze nicht ganz so wie Eriksen. Der Generalstaatsanwalt George Deukmejian, der sich um das Amt des Gouverneurs bewirbt, will den Kommissar entlassen und hat eine Klage eingereicht, um ihn abzusetzen." [30]

Kalifornien ist ein Zentrum der Technologie und steht in der Kapital-Pyramide weit oben. Durch den speziellen Sexualtrieb von Cannabis Sativa haben junge Marihuana-Millionäre aus Kalifornien eine Sorte entwickelt, die in Wirkkraft und Beliebtheit die kolumbianische, mexikanische und sogar die berühmte Maui Wowie von Hawaii übertroffen hat. Der Anbau erfordert heute sowohl wissenschaftliche Kenntnisse als auch pflegende Hingabe. Sie beinhaltet die Verwendung von Düngemitteln, sowohl chemischen als auch organischen, sowie die 'selektive Zucht', bei der männliche Pflanzen systematisch von weiblichen entfernt werden. Durch den Mangel an männlicher Gesellschaft bildet die weibliche Pflanze unbefruchtete Blüten, die ein dunkles Harz produzieren. Dieses Harz enthält 10- bis 12-mal mehr Tetrahydrocannabinol (THC) als andere Sorten. THC ist der aktive Wirkstoff der Pflanze.

Das Ergebnis ist *Sinsemilla,* die stärkste Marihuana-Sorte der Welt, die zwischen 1.500 und 3.000 Dollar pro Pfund auf dem Markt kostet und für 200 Dollar pro Unze auf der Straße verkauft wird. Sinsemilla bedeutet "ohne Samen".[31]

Die Drogenkrieger setzen flüssige Giftstoffe aus der Luft ein - und die Counter-Ökonomie erwartet den Angriff einfach. Die Preise steigen aufgrund des erfolgreichen Paraquat-Sprühprogramms, das von den USA in Mexiko gefördert wird. Früher war scheinbar fast jedes verkaufte "Weed"-Paket Mexikos Acapulco Gold. Jedes Jahr werden die großen Felder südlich der US-Grenze mit Pestiziden zerstört und Mexikos Anteil am US-Marihuana-Markt ist auf etwa 10 Prozent gesunken.

Könnten die einheimischen Bauern dadurch betroffen sein? Einige kalifornische Gesetzgeber erwägen nun, Paraquat nördlich der Grenze einzusetzen. "Warum soll der Steuerzahler für viele Drogenfahnder bezahlen, um die Ware zu beschlagnahmen, wenn Paraquat diese Arbeit schnell und einfach erledigen könnte?" fragt Daryl Gates, der Polizeichef von Los Angeles.
[32]

"Die Antwort ist, dass die Bauern mit breiter Unterstützung der Bevölkerung, eine 'Über-Unsere-Leichen-Haltung' gegen das Sprühen einnehmen (was auch den Waldbodendickicht sowie die Marihuana-Pflanzen tötet). Sie halfen bei der Verabschiedung einer örtlichen Verordnung, die das Luftsprühen verbietet und brachten der frustrierten Polizei einen weiteren Rückschlag bei." [33]

Die meisten Counter-Ökonomen greifen bei der Risikominimierung nicht auf die Politik zurück. "Viele Bauern versuchen Risiken zu vermeiden und Kosten zu senken, indem sie auf dem Land anderer Leute anbauen. Sehr beliebt sind Nationalparks - wo weite Waldgebiete abseits der ausgetretenen Pfade selten von Touristen besucht werden - und andere staatliche Grundstücke. Ein Drogenfahnder in Ukiah, dem Verwaltungssitz des Bezirks, sagt: "Wir haben Farmen in einem Dutzend Nationalparks gefunden, in Big Sur und sogar auf dem Hunter-Ligett-Militärreservat (einem riesigen militärischen Übungsgelände)." Andere bauen es einfach in ihrem eigenen Hinterhof an. Eine 55-jährige Großmutter, Jane Schimpff, wurde kürzlich mit einer Ernte im Wert von 50.000 US-Dollar verhaftet und sagte, sie habe ihre 60 Pflanzen als 'Absicherung gegen die Inflation' angebaut. [34]

Mehr zur Counter-Ökonomie gegen die Inflation im nächsten Kapitel. Aber das Handeln von Frau Schimpff ist unabhängig vom Markt ganz typisch für die Counter-Ökonomie. Hätte sie gewusst, wie wertvoll ihre Plantage war, "Ach du meine Güte, ich hätte sie besser versteckt." Sicher. Und ihre Mitstreiter wissen das gut und leben danach. [35]

Vor zwei Jahren startete Generalstaatsanwalt Deukmejian einen totalen Krieg gegen die Farmen und führte seine Agenten gefolgt von Fernsehteams persönlich in die Schlacht. Mit Hubschraubern und einer Reihe elektronischer Kriegsgeräte hat die Schlagtruppe Tonnen von Unkraut im Wert von Millionen von Dollar beschlagnahmt und zerstört.

Aber trotz der riesigen Beute sagen die Agenten, dass sie wahrscheinlich weniger als 10 Prozent von dem beschlagnahmen, was in dieser Gegend angebaut wird. [36] Wo haben wir das schon einmal gehört?

Übrigens ist Florida nicht mehr so unbefleckt in Bezug auf den Drogenanbau. "Eine Luftaufnahme hat mindestens 155 Marihuana Felder in 41 Bezirken im Norden und Zentrum Floridas aufgedeckt", berichteten die Behörden gestern. "Laut Floridas Abteilung für Strafverfolgung haben Bundes- und Landesbeamte seit Beginn des Erhebungsprojekts insgesamt 151.189 Pflanzen beschlagnahmt. Eines der Felder in Levy County enthielt 13.500 Marihuana Pflanzen -von bis zu 4 Meter Höhe-." [37]

Das Netzwerk

Es spielt keine Rolle, in welche Richtung sich der Staat in naher Zukunft bewegt. Sollte er "Gras" und "Koks" legalisieren, werden andere Drogen in den Labors und Vertriebsnetzen die Lücke füllen und die Bauern werden ihre Anbaumethoden ändern. Einige Randproduzenten werden vielleicht in das Geschäft der Steuerhinterziehung wechseln. Wenn der Staat andererseits etwas Neues - Tausende von Drogen werden jedes Jahr entdeckt - oder Altes wie Tabak verbietet, wird der Markt expandieren und einige weitere Personen, die über das Anbauen, Transportieren oder Handeln nachdachten, werden einsteigen. Der Staat kann nicht gewinnen - obwohl einige Etatisten eine Karriere aus der Drogenbekämpfung machen können. Und die Counter-Ökonomie kann nicht verlieren, wobei die schlechten Risiken durch Verhaftungen aussortiert werden. Und die Kapitalpyramide wächst weiter mit neuer Technologie und Technik.

Der Drogenmarkt erinnert uns an das, was wir in der Sowjetunion gesehen haben, auch wenn das Anti-Kommunisten ärgern mag. Vielleicht fällt es ihnen leichter, es zu akzeptieren, wenn sie erkennen, dass eine rote Übernahme der USA auf eine intakte Counter-Ökonomie stoßen würde, die sich bereitwillig in neu kontrollierte Gebiete ausbreiten würde.

Im restlichen Buch wird sich sehr stark auf zwei eingeführte Konzepte in diesem Kapitel bezogen: die Kapitalpyramide und das horizontale Netzwerk. Bevor wir die Drogen hinter uns lassen, muss die letzte Lektion noch vollständig verstanden werden. Lasst uns die Kapitalpyramide hinaufgehen und sehen, wie sehr dieser eine Sektor der Counter-Ökonomie das Leben beeinflusst (in Kapitel 1 haben wir eine ähnliche Erscheinung bemerkt).

An der Basis stehen die Konsumenten. Jede Familie hat mindestens eine Person, selbst in abgelegenen Mormonengemeinden in Utah oder zurückgezogenen Vierteln in Brooklyn. Es ist wichtig zu bedenken, dass man sich der Verschwörung schuldig macht, wenn man von einem Familienmitglied weiß, das illegale Substanzen konsumiert. Somit wird man Teil des organisierten Verbrechens, ohne selbst etwas Illegales zu tun. (Wer sagt, dass wir noch keine Gedankenpolizei haben?) An diesem Punkt ist bereits fast die gesamte Bevölkerung Nordamerikas involviert.

Aber jeder Dealer hat Freunde, Verwandte und Bekannte, die einen "decken", ihm vielleicht sichere Orte und Verstecke zur Verfügung stellen - vielleicht ein Mitbewohner im Studentenwohnheim, vielleicht ein Bruder oder eine

Schwester in einer Studentenverbindung. Und es gibt die Leute auf der Straße oder dem Campus, welche die Transaktionen sehen und es geschehen lassen, vielleicht sogar spontan den Unternehmer vor einem bevorstehenden Einsatz von Strafverfolgungsbehörden warnen.

Dieses libertäre Netzwerk, das einige als ein verwickeltes Netzwerk der Korruption betrachten mögen, breitet sich durch ländliche Landwirtschaftsgemeinden aus, wenn Farmer oder ihre trendbewussten Nachkommen ihre Ernten schwarz diversifizieren. Wissenschaftliche Labore bieten ein wenig Potential für "Nebenjob"-Tätigkeiten und stille Labor-Assistenten und kooperative Techniker treten dem Netzwerk ohne Mitgliedskarten bei.

Laut einem Kongressermittler am Freitag: "Hinken die Bundesbehörden zur Drogenbekämpfung bei der Bekämpfung illegaler Labore hinterher. Diese Labore stellen Stimulanzien, Beruhigungsmittel und Halluzinogene her. Das Allgemeine Rechnungsprüfungsamt legte in einem Bericht offen, dass diese nicht-narkotischen, gefährlichen Drogen im Jahr 1979 mehr als 3.200 Menschen getötet haben - mehr als fünfmal so viele wie durch Heroin, das Hauptziel der Drogenbekämpfung. Die meisten synthetischen Drogen werden in geheimen Labors hergestellt oder aus den legitimen Vertriebssystemen für Arzneimittel abgezweigt", so der Bericht.

"Einige DEA-Regionalbüros haben eine 'beeindruckende Zunahme' an geheimen Laborexporten verzeichnet - von 33 im Jahr 1975 auf 234 im Jahr 1980 - und die illegalen Labors blühen weiterhin", heißt es weiterhin.[38]

Möglicherweise werden Fahrzeug-Werkstätten immer öfter in Kilo statt in Dollar bezahlt - oder zumindest bar bezahlt. Auf jeden Fall müssen keine Papiere für ihre Jobs ausgefüllt werden und man fragt nicht, warum sie hohle Stoßstangen oder versteckte Türen haben. Techniker in Hangars auf Flugplätzen und Hafenarbeiter in Yachthäfen werden feststellen, dass Schweigen möglicherweise wertvoller als Gold aus Acapulco ist. Und dann gibt es noch ihre Familien und Freunde, die zufällig oder beiläufig herausfinden, wo dieser Bonus herkommt und anstatt es prompt zu melden, wie gesetzlich vorgeschrieben, treten sie dem Netzwerk bei.

An der Spitze der Kapitalpyramide finden wir möglicherweise ein ausgedehntes Netzwerk an Bankern, welche zwar wissen, woher ihre großen Kontoinhaber kommen, aber offiziell nicht wissen, woher ihr Geld stammt ... und ihre Familie und Freunde im Country Club und in der Gesellschaft, einschließlich

90

Wahlkampfspendern, Anwälten und Richtern. An diesem Punkt scheint der Begriff "verdientes Interesse" eine passende Bezeichnung für die verbindenden Stränge des Netzwerks zu sein.

Nach oben und unten verteilt es sich über die gesamte Gesellschaft, von bohemischen Künstlern bis hin zu Forschungschemikern, von Skid Row bis hin zum Vorstandszimmer und von Watts bis Beverly Hills wächst das Netzwerk, verliert einige Blätter, Äste und Wurzeln, sprosst aber immer weiter. Die Affinitäten und das Vertrauen dieser skelettartigen Struktur können auf Steuerwiderstand, Wehrdienstverweigerung, Inflationsschutz (nächstes Kapitel) und alle anderen behandelten Formen der Counter-Ökonomie ausgedehnt werden.

Häufig ist der Drogenhandel der erste Berührungspunkt für westliche Jugendliche mit der Schattenwirtschaft. Es ist eine lehrreiche Erfahrung, wenn sie sich von Netzwerk zu Netzwerk durch den Markt bewegen, der tatsächlich der Welt dient: die Counter-Ökonomie oder Gegenwirtschaft.

"Das Verlangen der Amerikaner nach Marihuana scheint unersättlich zu sein. Mindestens 11 Tonnen am Tag gehen in Rauch auf und die Verbraucher verlangen immer potentere Sorten des Rauschmittels."

Der ehemalige Berater des Weißen Hauses und Drogenexperte Dr. Peter Bourne schätzt, dass die Marihuana-Industrie zu den sechs profitabelsten Wirtschaftszweigen des Landes gehört und insgesamt rund 50 Milliarden Dollar ausmacht. Bourne, ein Befürworter geringerer Strafen für den Besitz (aber nicht der Legalisierung), nennt Marihuana "das schwierigste Drogenproblem des Landes und ein Albtraum für Politiker." [39] Und eine Freude für den Counter-Ökonom.

Ein Problem dieser Netzwerke besteht darin, dass sie das Geld des Staates verwenden müssen, also die Monopolwährung. "Vier Millionen Dollar in kleinen Scheinen sind ein bisschen wie ein Bernhardiner: nett, aber schwer zu verstecken. Als Bundesagenten im letzten August in das Büro eines Drogenrings in Miami stürmten, fanden sie einen Geldberg von der Größe eines kleinen Kühlschranks. Die Beute von 4 Millionen Dollar entsprach dem Bargeldfluss einer Schmuggeloperation, die sich als Währungsumtauschfirma ausgab und nach Angaben der Behörden seit 15 Monaten in Südflorida aktiv war. Die Festnahme steht für eine neue Betonung eines alten Ermittlungsinstruments - das Ergreifen von Kriminellen, indem man ihre Gewinne verfolgt. Wenige Drogenhändler akzeptieren MasterCard oder Visa, also sammeln Großhändler schnell Kisten, Taschen und Koffer voller 10- und 20-Dollar-Scheine.

"Es ist ein sehr schwerwiegendes logistisches Problem für Kriminelle, so viel Bargeld zu bewegen," sagt William Meglen, Direktor der Abteilung für Währungsuntersuchungen des Zollamts. "Ich meine, wir sprechen hier von großen Mengen." [40]

Aber die Gegenwirtschaft ist vor allem innovativ und erfinderisch. "Frustrierte Kriminelle versuchen manchmal das Geld auf ungewöhnliche Weise zu transferieren. Maria Rojas aus Bogota, Kolumbien, wurde im letzten Jahr am Flughafen Miami mit 1.5 Millionen Dollar in acht 'fabrikversiegelten' Monopoly-Kartons festgenommen. In Florida sind Geschichten von Kunden, die Luxusautos mit Einkaufstüten voller Geld bezahlen, üblich. Ein mutmaßlicher Kokaindealer bezahlte bar für verschiedene Immobilien, einen Rolls-Royce und eine 60-Fuß-Yacht.

"Miami ist als die Wall Street dieser unterirdischen Bargeldströme bekannt geworden. Bundesbehörden verweisen auf die sogenannte 'groteske' Menge an Bargeld, die in die Miami Federal Reserve Bank fließt - wo die Einlagen von rund 471 Millionen Dollar im Jahr 1974 auf über 4 Milliarden Dollar im Jahr 1979 gestiegen sind." [41]

Was die Anbieter von Substanzen ihrer Wahl lernen müssen, können sie von unseren Steuerrebellen lernen: Wie man zumindest teilweise aus dem staatlichen Geldsystem aussteigt. Ein weiterer gemeinsamer Grund mit der gesamten Wirtschaft ist die Abwertung des erzwungenen Tauschmittels des Staates - die Inflation.

Und so wie wir es bereits erwartet haben reagiert der Markt mit counter-ökonomischer Inflation.

Fußnoten:

1. Der Autor (SEK3) verdankt insbesondere dem berühmten Psychiater Dr. Thomas Szasz (siehe das Vorwort) seine Anregungen, aber er ist für seine eigenen Ansichten verantwortlich. Für diejenigen, die nach persönlichen Interessen suchen, gesteht der Autor ein, ein gelegentlicher Alkoholtrinker und Pfeifenraucher zu sein. Dieser Bereich ist einer meiner seltenen Fälle von Mäßigung.

2. Böhm-Bawerk, E. V. (1890) Kapital und Kapitalzins: Positive Theorie des Kapitals. Innsbruck: Verlag der Wagner'schen Universität. Wir werden im ganzen Buch noch mehr von den Österreichischen Schule hören.

3. Der Marihuana-Schmuggelkrieg erhitzt die hohe See. Zodiac News Service (1981, 5. Januar).

4. McReynolds, M. (1981, 7. September). Kampf gegen den Drogenhandel - die kolumbianische Küstenregion ein Marihuana-Imperium. Los Angeles Times, p. IA-10.

5. Ibid.

6. Ibid.

7. Ibid.

8. Ibid.

9. Ibid.

10. Ibid.

11. Kennedy, J. M. (1981, 17. Oktober). "Petroleum of Lebanon" kommt auf den Markt: Die Haschisch-Ernte ist eine lukrative Tatsache im vom Krieg gezeichneten Land. Los Angeles Times, p. IA-1.

12. Ibid.

13. Ibid.

14. Ibid.

15. Ibid.

16. Ibid.

17. Ibid.

18. Pakistan überschwemmt den Westen mit Opium. (1981, 11. Oktober). Los Angeles Times, p. I-5.

19. Ibid.

20. Ibid.

21. Ibid.

22. Ibid.

23. Bundesbeamte sagen, dass der Staat Florida einen schweren wirtschaftlichen Schlag erleiden würde... (1980, 14. April). Zodiac News Service.

24. Der Autor hatte 1975 persönlichen Kontakt zu einem Agenten dieses Futures-Marktes, aber er ist inzwischen in andere Hände übergegangen.

25. Scobie, W. (1981, 12. Oktober). Lotterie in den hohen Hügeln. Maclean's 94(41), S. 11.

26. Ibid.

27. Ibid.
28. Ibid.
29. Ibid., S. 14.
30. Ibid.
31. Ibid.
32. Ibid.
33. Ibid., S. 17.
34. Ibid.
35. Ibid.
36. Ibid.
37. 155 Marihuana Felder bei Luftüberwachung in Florida entdeckt. (1981, 17. November). New York Times, S. 12.
38. Ostrow, R. J. (1981, 14. November). Drogendezernenten stehen vor Überdosis geheimer Labore: GAO wirft Ermittlern vor, den Kampf gegen Nicht-Narkotika zu verlieren. Los Angeles Times, S. I-10.
39. Scobie, W. op. cit., S. 11.
40. Grier, P. (1981, 29. Oktober). Papierkram brachte Drogendealer zur Strecke: Gewinne werden verfolgt, während Bundesagenten den Kampf gegen kriminelle Geldgeber vorantreiben. Los Angeles Times, S. IC-1.
41. Ibid.

5. Inflation und die Counter-Ökonomie

Inflation: Der große Gegenspieler der Counter-Ökonomie

Die Inflation hat Auswirkungen auf die gesamte Counter-Ökonomie, von Steuern bis hin zu Drogenhandel (wie wir gerade gesehen haben und noch sehen werden) und darüber hinaus. Ihre Auswirkungen und die jüngsten Versuche, ihr Wesen und ihre Funktionsweise zu verstehen, haben viele Nordamerikaner stark beeinflusst. Europäer aus dem Osten und Westen sowie Bewohner der Dritten Welt wurden von der Inflation genauso betroffen, wenn nicht sogar stärker. Sie haben Gegenmaßnahmen ergriffen, am spektakulärsten in Polen und den Ländern Lateinamerikas mit hoher Inflation. Allerdings war das Bewusstsein dafür nicht so ausgeprägt wie in Nordamerika. In den siebziger Jahren entstand eine Gruppe von Sachbüchern, die vor einer schlimmeren Inflation warnten und Maßnahmen zur Verhinderung einer wirtschaftlichen Katastrophe vorschlugen (meist praktische Tipps für Einzelpersonen und Familien). Tatsächlich sagten sie den Anstieg des Goldpreises voraus.

Inflation betrifft oder verschmutzt viele Wirtschaftsbereiche (und die Schattenwirtschaft), weil Geld bei den meisten Transaktionen in einer entwickelten Wirtschaft eine Rolle spielt. Ausnahmen sind einfach zu benennen: "psychischer" Gewinn oder emotionale Zufriedenheit und Tauschhandel. Auch viele Handlungen, die aus Liebe geschehen - wenn nicht sogar die meisten -, beinhalten Ausgaben für Waren und Dienstleistungen. Ein offizieller Tauschhandel ist wesentlich teurer als eine äquivalente Markttransaktion mit Geld. (Wie wir sehen werden, ist counter-ökonomischer Tauschhandel ein anderes Konzept.) [1]

Der Schock des plötzlichen Bewusstwerdens eines Inflationsopfers gegenüber den Mechanismen von Geld und deren Manipulation durch die Regierung, gleicht stark dem Schock eines bequemen Patrioten, der einen Einberufungsbescheid erhält und feststellt, dass dieser Krieg sinnlos ist. Oder der Schock über die Erkenntnis eines konservativen Geschäftsmanns, dass die zerstörerischen Steuern nicht nur durch seine geliebte Verfassung gerechtfertigt waren, sondern dass die unter der Verfassung gegründete föderale Regierung die Pennsylvania-Whisky-Steuer-Rebellen prompt niederschlug.

Dennoch werden Krieg und Steuern von einigen ihrer Opfer als weniger schlimm empfunden und von anderen sehr extrem. Inflation ist der große Gegenspieler der Counter-Ökonomie: Sie bestiehlt jeden ohne Gunst - obwohl betont werden sollte, dass die Beute irgendwo zu jemandem gelangt. Witwen,

Waisen und fromme religiöse Gläubige sind vom Krieg und von Steuern befreit - nicht jedoch von der Inflation.

Die von diesem Autor durchgeführte intensive Untersuchung der Counter-Ökonomie und ihrer Entwicklung begann mit der großen Gold-Bug-Welle von 1972-73. Insbesondere Harry Browne, zusammen mit Harry Schultz und später Douglas Casey und John Pugsley und vielen anderen, entfernten sich von der alten libertären Wirtschaftsbewegung, die weitgehend mit dem politischen Konservatismus identifiziert wurde. Diese Aktivisten gegen Inflation waren anders als die Konservativen, weil sie konkrete Maßnahmen befürworteten und umsetzten, um sich von der allgemeinen Wirtschaft abzuschotten und sich selbst zu schützen. Konservative Unterstützer der freien Wirtschaft setzten weiterhin auf eine andere Regierung, die den Staat durch eine politische Partei zurückdrängen würde. Demokraten, Republikaner und Libertäre sowie die linksgerichtete Peace and Freedom Partei wurden 1974 zeitweise in Betracht gezogen.

Mit seinem Buch "Wie ich Freiheit in einer unfreien Welt fand" ging Harry Browne noch einen Schritt weiter als im Genre "Wie Sie vom kommenden Zusammenbruch profitieren können". Browne entdeckte Schlupflöcher im staatlichen Regelwerk und gab Anleitungen zum Schutz vor Inflation und im gesamten Markt. Das bedeutet, man konnte alle Steuern, Geldentwertung und Kontrollen legal oder jedenfalls nicht illegal umgehen. Natürlich hatte diese Freiheit in einer unfreien Welt einen hohen Preis.

Brownes Positionen hatten Schwächen, die einige in seiner großen Leserschaft abschreckten, jedoch andere ermutigten, den nächsten Schritt zu wagen. Eine Schwäche seines Lebens in den Zwischenräumen bestand darin, dass man gezwungen war, der ungewollten Vorgehensweise des Staates zu folgen. Ein weiteres Risiko bestand darin, dass die Regierung ihre Regularien ändern und die Schlupflöcher stopfen würde - und dies geschah in der Regel auch, sobald jemand (wie Browne) diese Zwischenräume öffentlich und populär machte.

Und so sind wir im Jahr 1973 den letzten Schritt gegangen: Warum nicht die Lektionen aus dem Umgehen der staatlichen Vorschriften und Kontrollen auf das Umgehen der staatlichen Durchsetzung von Kontrollen anwenden? Zur Überraschung der meisten Theoretiker, stellten wir fest, dass bereits ein blühender Markt vorhanden war - ohne dem Bewusstsein, der eigenen Mechanismen.

Gold war der Auslöser und das war kein Zufall. Einige Libertäre, die am Schmuggel von Gold beteiligt waren, zeigten öffentlich ihr Gold und forderten die amerikanischen Bundesstaaten heraus, sie festzunehmen und einen Präzedenzfall zu schaffen. Doch überraschenderweise wurden sie weitgehend unbehelligt gelassen. Die Idee weitergedacht: Da der Staat nicht viel tun kann, um illegales Gold zu unterdrücken, warum ersetzen wir das Papiergeld der Vereinigten Staaten nicht zumindest in unseren Transaktionen durch Gold?

So entstand eine Goldbank (natürlich unter einem ausgedachten Namen), die heute wächst und gedeiht. Um jedoch die gesamte apokalyptische Tragweite dieses Ereignisses zu erfassen, muss die Counter-Ökonomie ein wenig Grundlagenwirtschaft studieren.

Die Natur der Inflation

Zur großen Verwirrung gibt es bei dem Wort "Inflation" zwei verschiedene Bedeutungen. Meistens bezieht es sich auf steigende Preise. Hier wird jedoch die ursprüngliche und klare Definition verwendet: Inflation ist die Zunahme der Fiat-Geldmenge (vom Staat geschaffenes Geld). Eine ihrer Folgen ist eine allgemeine Preissteigerung, obwohl einzelne Preise von diesem Trend abweichen können.

Geld ermöglicht den Handel und erleichtert das Finden von Handelspartnern erheblich. Es kann für jeden hilfreich sein, der den angesagten Trend des Tauschhandels ausprobieren möchte und etwas Wertvolles zum Austausch hat. Vielleicht gibt es jemanden, der an deinem Ölgemälde interessiert ist, aber du brauchst eigentlich neue Schuhe und nicht die angebotenen Eintrittskarten für ein Musikkonzert. Vielleicht mag ein Schuhmacher die Musik...? Wenn die Hälfte der Handelspartner Raucher sind, kann Tabak zu einem Tauschmittel werden (was oft genug der Fall ist). Selbst Personen, die nicht rauchen, werden dies akzeptieren, da ihnen bewusst ist, dass es viele Raucher gibt, mit denen sie verhandeln können.

Historisch gesehen haben die Menschen viele verschiedene Tauschmittel verwendet. Je universeller das akzeptierte Gut war, desto besser wurde es als Tauschmittel angesehen. Haltbarkeit war nützlich für Ersparnisse; wer möchte schon sein Erspartes verderben lassen? Und solche Dinge wie leichte Teilbarkeit für Wechselgeld, Kompaktheit und gleichbleibende Qualität haben alle den monetären Aspekt verbessert. Aus guten soliden chemischen Gründen wurde eine Substanz zur offensichtlichen und einzigartigen Wahl - und ihre engsten Verwandten im chemischen Periodensystem der Elemente waren die bevorzugten Alternativen.

Gold, Silber, Kupfer, Platin und Palladium - das sind die erwählten materiellen Formen, um die äußerst nützliche Abstraktion des Geldes zu verkörpern. Auf Französisch ist das Wort für Geld gleichbedeutend mit Silber (argent). Gold ist auf Dänisch gleichbedeutend mit Geld (geld). Ein Pfund Sterling war ein Pfund Silber und sogar der Dollar definierte ein (spanisches) Maß für Edelmetalle.

Fiat Geld ist das vom Staat aufgezwungene Geld. Manchmal hat der König einfach die herrschende Währung ratifiziert und sich damit begnügt, sein königliches oder kaiserliches Bildnis auf ein Stück geprägten Edelmetalls zu setzen, um dessen Wert zu "garantieren". Tatsächlich hat sich der Wert in die andere Richtung entwickelt; oder wie viele Herrscher waren "gut wie Gold"?

Anstatt den Wert zu sichern, haben die Herrscher im Römischen Reich die Münzen entwertet, indem sie sie mit unedlen Metallen vermischt oder die Kanten abgefeilt haben. Somit hatten die zum Austausch angebotenen Münzen ein geringeres Gewicht und waren weniger rein. Ohne die lange Geschichte des Geldes im Detail zu erläutern, kann man fairerweise sagen, dass die Beziehung zwischen Staat und Geld von Korruption und Betrug geprägt ist. Wenn das Geld die Wurzel des Bösen ist, dann ist die Wurzel des bösen Geldes die Regierung.[2]

Fiat Geld wird per Erlass auferlegt. Es ist weder freiwillig noch spontan im freien Handel zwischen einwilligenden Erwachsenen entstanden. Allein die Vereinigten Staaten haben mehrere schwere Inflationsausbrüche durch Fiat Geld erlebt, angefangen mit den "Continentals" der Revolution. Es besteht ebenso eine starke Verbindung zwischen Krieg und Inflation: die "Continentals", die Greenbacks des Bürgerkriegs, schwere Inflation während der Weltkriege I und II, Korea und Vietnam. Dies ist kein Zufall, Inflation ist eine Form der Besteuerung und für Kriege werden viele Steuern benötigt.

Genauso wie Besteuerung, so muss auch Inflation erzwungen werden. Die Auferlegung von Fiat Geld ist das Gesetz für Zwangsgeld. Man muss die entwerteten Regierungspapier-Zertifikate, die angeblich Geld repräsentieren, akzeptieren oder rechtliche Strafen befürchten.

In nationalistischen China, kurz vor dem Zusammenbruch seiner Kontrolle über das Festland, war die Währungsinflation so schwerwiegend (um den chinesischen Bürgerkrieg zu finanzieren), dass Händler sich den Geld- und Preisregelungen widersetzten und von den Beamten des Generals Chiang Kai-

Shek aufgestellt und erschossen wurden. Mao Tse-Tung versprach Gold und gewann die kleinen "Kapitalisten" für sein kommunistisches Regime.[3]

Wenn Händler lieber den Tod riskieren, anstatt aufgeblähtes Fiat Geld anzunehmen, dann ist die Verbindung zwischen Hyperinflation und Revolution (oder zumindest drastischen Veränderungen in der Regierung) nicht zufällig. Ohne eine umfassende Umwälzung wird die Counter-Ökonomie durch eine starke Inflation angeregt. Preiskontrollen zur Bekämpfung von Inflation (ähnlich wie das Senken des Quecksilbers in einem Thermometer zur Bekämpfung von Fieber) haben eine negative Auswirkung auf den Markt und können ihn fast über Nacht in einen Schwarzmarkt verwandeln. In europäischen und lateinamerikanischen Ländern ist es üblich, dass sogar arme Menschen Gold horten, besonders wenn es wiederholte Ausbrüche von Hyperinflation gibt.

Nordamerikaner sind in Bezug auf die Akzeptanz von Fiat-Geld die nachsichtigsten Menschen auf der Welt. Einer der Gründe dafür ist, dass der letzte Währungszusammenbruch in den USA vor zweihundert Jahren stattfand. Jedoch untergräbt die derzeit zunehmende Abwertung des amerikanischen Dollars dieses Vertrauen, und die Flucht in Gold, ausländische Vermögenswerte und Währungen sowie in gegenwirtschaftliche Ersatzmittel beschleunigt sich.

Obwohl es einige zusätzliche Faktoren gibt, haben sie nur geringen Einfluss auf den "Goldpreis". In der Tat bleibt Gold das stabilste Tauschmittel überhaupt. Der Preis des Dollars in Bezug auf Gold ist jedoch stark gesunken. In Bezug auf das ursprüngliche Goldgewicht des Dollars (verwendet während des wohlhabenden, größtenteils goldgedeckten 19. Jahrhunderts von 1814 bis 1914) ist der heutige Dollar zwischen drei Cent und einem Nickel wert. Wenn man bedenkt, dass ein Bier mit kostenlosem Mittagessen um die Jahrhundertwende vier Cent gekostet hat, erkennt man, dass das Preisniveau nicht mehr übereinstimmt.

Es ist offensichtlich, dass wenn Menschen frei wählen können, welche Währung sie verwenden, wie es von einigen Ökonomen vorgeschlagen wurde[4], sie eine Form von Geld ablehnen dürfen und sich für eine andere vertragsmäßig entscheiden können. Dann kann die Regierung entweder vernünftig handeln und die Wertigkeit des Geldes bestätigen (was jederzeit durch physikalische und chemische Mittel geprüft werden kann) oder das Regierungsgeld wird abgewertet und das Gresham'sche Gesetz tritt in Kraft.

Das Gresham'sche Gesetz wird normalerweise als "schlechtes Geld vertreibt gutes Geld" formuliert. (Das "gute" Geld wird gehortet und das "schlechte Geld" wird als Zahlung verwendet und überwiegt so im Umlauf.) Dies endet mit dem "Crack-Up Boom", wenn das "schlechte Geld" wertlos ist und nur noch "gutes Geld" übrig bleibt.

Die Natur der Inflation besteht in einer Form des Diebstahls durch die Herrscher eines Landes. Die Geldmenge wird zunächst von der Regierung kontrolliert und dann erhöht der Staat die Anzahl der Einheiten durch verschiedene Buchführungstricks.

Inflation in einer Nussschale ist die Jagd einer ansteigenden Zahl an Dollar nach der gleichen Menge an Gütern. Es hat zwar andere Auswirkungen, aber abgesehen von einigen Privilegierten sind diese überwiegend negativ für die meisten Menschen. Um die apokalyptische Natur der Inflation und die zunehmende überlebenswichtige counter-ökonomische Bewegung zu erkennen, ist eine kurze Skizze der langfristigen kataklystischen Auswirkungen erforderlich.

Inflation und Überlebensstrategien

Inflation verursacht Wirtschaftskrisen und diese fördern eine größere Inflation. Die Spirale wiederholt sich bis zu einem kritischen Punkt, an dem das Geldsystem zusammenbricht - der "Crack-Up Boom" von Ludwig Von Mises. Ein jüngstes dramatisches Beispiel war Deutschland im Jahr 1923.

Die Diskreditierung der regierenden politischen Parteien führte zur Übernahme durch die Nationalsozialisten und zum Dritten Reich, die meisten würden das als eine kataklystisches Ergebnis betrachten. Es scheint paradox, dass viele scheinbar besonnene Anlageberater, Marktanalysten, Goldanleger und andere stark in "Endzeit" - Szenarien investiert sind. Der obige Abriss erklärt warum.[5]

Diese Menschen sehen eine allgemeine weltweite galoppierende Inflation und den Zusammenbruch der Geldversorgung. Die Extrapolation der gegenwärtigen Bedingungen entlang historisch nachgewiesener wirtschaftlicher Linien bestätigt ihre Ansichten. Und so lagern sie Gold, Silber und Rohstoffe an abgelegenen ausländischen Orten oder in der nordamerikanischen Wildnis.

Diese Personen sind oft bereit, Gesetze und Kontrollen zu umgehen und zu brechen. Denn wenn die nächste Katastrophe naht - und die Regierung dafür verantwortlich ist - warum sollte man dann dem Staat gehorchen? Und so gehen sie den Schritt in die Counter-Ökonomie.

Typische counter-ökonomische Handlungen in diesem Zusammenhang sind Steuerhinterziehung (natürlich), Umgehung von Währungskontrollen (um ihr Geld sicher und unerkannt in ausländische Banken zu transferieren), Umgehung von Bauvorschriften (für Überlebensrückzugsorte), Umgehung von Waffenkontrollen und Drogenkontrollen (um ihre Rückzugsorte zu bevorraten), Schmuggel von Ware (falls sie einen ausländischen Rückzugsort wünschen) und die Umgehung aller Pflichten zur Offenlegung. Diese letzte Handlung ist notwendig; sobald es hart auf hart kommt und die Regierung einen selbst, das eigene Geld und/oder die eigenen Überlebensrückzugsorte erreichen kann, was nützen dann all die Vorbereitungen?

Durch das Einlagern von Gold und Waren - und selbst die Armen können das machen [6] - wurde der Übergang zu einem counter-ökonomischen Geldsystem erleichtert. Man musste nur erkennen, dass man nicht auf den eventuellen Zusammenbruch warten muss, um das Geld zu ersetzen, was zumindest zwangsweise aufgedrückt wurde, absichtlich entwertet wurde und bei weitem weniger bevorzugt ist als erstklassige Rohstoffalternativen. Und so wurde die Goldbank eingeführt. Und da einige ihrer Operationen - selbst mit Browns Zwischenschritten - die Gesetze umgehen und alle für illegal erklärt werden, sobald die Inflation außer Kontrolle gerät (nach den meisten historischen Berichten zu urteilen), muss die Goldbank counter-ökonomisch sein. Und das ist sie auch.

Es besteht immer die Möglichkeit, dass die Regierung zur Vernunft kommt und aufhört die Inflation voranzutreiben. Diese Hoffnung wurde zumindest für Nordamerika durch die Wahl und den "Verrat" von Ronald Reagan als Präsident zunichte gemacht. Er galt im Allgemeinen als der härteste "Hartgeld" - Befürworter aller jemals gewählter Präsidenten. Seine Goldkommission weigerte sich jedoch einen Goldstandard für den amerikanischen Dollar zu unterstützen und während dies niedergeschrieben wird, wird die Geldversorgung der Vereinigten Staaten für die kommende ablaufende Spirale aufgepumpt. Die Demoralisierung der gemäßigten Goldbefürworter könnte tatsächlich ausreichen, um den Handel von realen Gütern in diesem Zyklus auszulösen. (Siehe Fußnote 5.)

Es mag einige überraschen, dass die Counter-Ökonomie tatsächlich beträchtliche Hoffnung bietet. Die Geldversorgung könnte - illegal, aber friedlich - vor den schwersten Verschiebungen des Crack-Up-Booms ersetzt werden. Wie dies geschieht (und wie man teilnehmen kann) wird an einem Beispiel aus dem echten Leben erläutert, nachdem eine letzte Vorbemerkung erfolgt ist.

Counter-ökonomisches Geld

Gewöhnliche Menschen brauchen Schutz vor Inflation. Es betrifft jeden Menschen, denn niemand kann tatsächlich alle Gesetze befolgen, da viele sich widersprechen. Counter-Ökonomen -die in vorherigen Kapiteln beschrieben wurden und in den folgenden Kapiteln beschrieben werden- benötigen eine sichere Währung. Was bedeutet das?

"Vier Bänker der Garfield Bank wurden am Dienstag wegen ihrer Beteiligung an einem Plan zur Geldwäsche von Drogengeldern verurteilt.... Ein Geschworenengericht beriet weniger als zwei Tage, bevor sie die vier wegen Verschwörung und Nichtbefolgung von Gesetzen verurteilte. Banken sind gesetzlich verpflichtet, Berichte über Einzahlungen von mehr als 10.000 Dollar einzureichen." [7]

Alle Counter-Ökonomen möchten finanzielle Transaktionen ohne den neugierigen Augen der Regierung durchführen, um so ihr Risiko erheblich zu minimieren. Um die Offenlegung von Einkommen zu umgehen, sind die meisten auch Steuerhinterzieher. Einige lösen das Problem, indem sie Banken kaufen.

"John A. Gabriel, ein ehemaliger Präsident der [Garfield] Bank und Vorstandsvorsitzender, wurde im Juli zusammen mit den anderen angeklagt. Er bekannte sich schuldig, weil er fast 500.000 Dollar an Währungstransaktionen nicht gemeldet hatte. Gabriel und die Bank haben der Regierung fast 2,3 Millionen Dollar an Strafen gezahlt." [8]

Der Besitz einer counter-ökonomisch arbeitenden Fiat-Bank ist nützlich, aber nicht viel riskanter als der Betrieb einer Gold-Bank. Gold ist zudem ein weitaus universelleres Tauschmittel für Drogenhändler, Schmuggler und aller Art von im Ausland tätigen counter-ökonomischen Akteure.

"Vertrauten Quellen zu Folge erzielt Schwarzmarktgold in Moskau jetzt Preise von umgerechnet 2400 Dollar pro Unze - fast viermal so viel wie die aktuellen Weltmarktpreise. In anderen Teilen des Landes, wie dem sowjetischen Zentralasien, sollen die Preise noch höher sein." [9]

Sowjetisches Fiat-Geld ist am strengsten kontrolliert. Inflatiert der Rubel? "Inflation trifft auch den Schwarzmarkt. Laut einer Quelle, kostet eine fünf-Rubel-Zaristische Goldmünze, die in den 1960er Jahren auf dem Schwarzmarkt dem Äquivalent von 100 Dollar entsprach, jetzt fast 400 Dollar. Sogar Goldzahnfüllungen können zu Premiumpreisen getauscht werden." [10]

Mit anderen Worten, alle Notwendigkeiten für counter-ökonomisches Geld in Nordamerika zählen auch für das finstere Russland. Menschen mit unrechtmäßig erworbenem Geld sind aus Angst vor unangenehmen Fragen verständlicherweise zögerlich bei der Deponierung von größeren Summen in staatlich kontrollierten Banken. Auch das Aufbewahren riesiger Geldreserven zu Hause ist gefährlich. Seit der bolschewistischen Revolution von 1917 wurde die Landeswährung mehrmals geändert - bei dem das 'alte Geld' nach jeder Reform wertlos wurde....

"Man könnte sein Geld gut in Gold investieren, um keine Rechenschaft zu seinem erworbenen Geld ablegen zu müssen.", sagte ein Moskauer Schriftsteller, der nicht genannt werden wollte. "So ist es immer sicher. ... Der Schwarzmarkt bietet vertrauliche Dienste ohne Fragen zu stellen." [11]

Der Zusammenbruch Kambodschas zeigt sowohl die Allgemeingültigkeit des Goldes als auch seine Funktion als Retter in der Not. Trotz des Handelsverbots mit Thailand geht der seit 1979 anhaltende Goldstrom, der mit der ersten Welle von hungernden Flüchtlingen aus Kambodscha begann, weiter und treibt den Schwarzmarkt an. Dieser Markt verteilt begrenzte Waren in Kambodscha, das von Vietnam kontrolliert wird, und trägt Millionen von Dollar zur thailändischen Wirtschaft bei. Ein kambodschanischer Händler sagte über den inoffiziellen 'Metallmarkt' in Nong Chan, einer der zahlreichen inoffiziellen Flüchtlingslager an der Grenze: "Das Geschäft läuft besser als je zuvor." [12]

Das Verhältnis zwischen Risiko und Gewinn - die Grundlage der Counter-Ökonomie - wird deutlich sichtbar an der Beziehung zwischen dem Goldpreis und der Entfernung zur wahrgenommenen Gefahr. "An winzigen Ständen in Nong Chan und ähnlichen Grenzlagern werden solche Waren wie Seife, Taschenlampenbatterien, Stifte und Reis nur geringfügig teurer verkauft als auf dem nahegelegenen thailändischen Markt von Aranyaprathet. Wenn die Waren tiefer in das Landesinnere Kambodschas gelangen, steigen laut Beobachtern die Preise entsprechend."

"Es ist eine gefährliche Reise zurück (nach Kambodscha), daher wollen diese Menschen eine hohe Rendite", sagte ein westlicher Diplomat und fügte hinzu, dass einige der Waren tatsächlich ihren Weg nach Vietnam finden." [13] Vielleicht hat die Counter-Ökonomie ihre eigene Form der Rache.

Wir können also feststellen, dass die Inflation bei der Bewusstseinsbildung hilft und ein guter *"Counter-Ökonomisierer"* ist. Wie steht es mit dem schwarzmarktbedingten Zusammenbruch des Geldwesens in Thailand? (Wir wissen, dass die Kambodschaner radikalisiert sind.)

Die Bemühungen der thailändischen Regierung zur Unterbrechung des Schwarzmarktes haben einige Dorfbewohner verärgert. Sie sagen, dass der Handel genauso aktiv ist wie zuvor, jedoch nun dem Militär vorbehalten ist. "Wenn Sie an die Grenze gehen, um an die Kambodschaner zu verkaufen und die Soldaten ihre Sachen nehmen, sie verkaufen und das Geld vor ihnen einstecken, wie würden sie sich fühlen?" fragte ein thailändischer Händler. "Vor dem Schwarzmarkt mochten die Leute die Soldaten', sagte er. 'Jetzt fürchten und missbilligen 90% der Menschen sie." [14]

"Selbst mit all diesem Gold werden Banken genutzt", sagte der Diplomat, nachdem tägliche Überweisungen von Aranyaprathet nach Bangkok in einer thailändischen Bank von lächerlichen Beträgen vor 1979 auf mittlerweile 500.000 US-Dollar gestiegen sind.[15] Man benötigt Banken aus zwei Gründen: Bequemlichkeit beim Umgang mit großen Vermögenswerten und der Interaktion mit dem offiziellen oder legalen Markt.

Tatsächlich gibt es andere Möglichkeiten, große Vermögen gegenwirtschaftlich zu handhaben. Drogen wie Kokain und Edelsteine lassen sich leicht schmuggeln und verbergen. Die Schnittstelle zum Rest des Marktes ist für die meisten groß angelegten Counter-Ökonomen weitaus wertvoller. Die reichen unter ihnen bestechen einfach ihren Weg in vermeintlich legale Banken.

Also was macht der ärmere und mittelständische Counter-Ökonom?

Bequemes Gold

Hehler, Geldwechsler und andere Mittelsmänner haben das Problem des "Waschens" von Schwarzgeld. Wenn das Geld selbst das Problem ist, muss man den Großteil seines Geldes schwarz halten (in illegalem oder bald illegal zu werdendem Hartgeld). Man könnte das zusätzliche Risiko eingehen und auf konfiszierte Waren setzen. So könnte man seine Vermögenswerte im Fall der Fälle umwandeln. Viele Personen finden diesen Plan gut und passend.

Angenommen, du legst dein Geld bei einer offensichtlichen Bank an. Diese Bank wandelt deine Einzahlung in Gold um und bewahrt sie sicher vor staatlichen Eingriffen auf. Wenn du eine Rechnung zu bezahlen hast, schreibst du einfach einen Scheck und die Counter-ökonomische Gold Bank (C-ÖGB im Folgenden) wandelt das Gold zum aktuellen Preis in US-Dollar um und sendet dir einen gewöhnlichen Bankscheck zusammen mit deinen Unterlagen. Hast du eine unkonventionelle Rechnung zu bezahlen? Du kannst deinem Geschäftspartner einen Scheck ausstellen, der mit Gold abgesichert ist. Diese Goldreserve kann entweder bei der C-ÖGB abgeholt oder auf ein Goldkonto eingezahlt werden. Hierbei werden weder Dollar verwendet noch äußere Nachweise der Transaktion erzeugt.

Eine solche Methode ist nicht nur für Counter-Ökonomen attraktiv, sondern auch für Aussteiger, Goldfreunde oder von Inflation betroffene Witwen und Waisen. Im progressiven Südkalifornien ist diese Option bereits verfügbar.

Die counter-ökonomische Bank

Die counter-ökonomische Gold Bank ist eine echte Innovation. Viele der " ältesten Gewerbe der Welt" sind gegenwirtschaftlich, aber die CÖGB ist wirklich etwas Neues. Das hat zum einen etwas mit dem Aufstieg der Informations-Counter-Ökonomie zu tun, aber zu einem großen Teil verdankt sie ihre Existenz einem besseren Verständnis der Wirtschaftstheorie in Verbindung mit counter-ökonomischen Handeln (siehe die letzten drei Kapitel).

Banken - oder sogar bankenähnliche Institutionen- sind schwierig zu gründen. Vertrauen muss mühsam und langsam erworben werden. Seit dem Bewusstseinsanstieg von 1972 haben mehrere es versucht und sind gescheitert. Eine jedoch hat Erfolg gehabt und ist nach 16 Jahren kontinuierlicher Tätigkeit heute das Finanzzentrum mehrerer "freier Marktunternehmen", darunter Drucker, Schriftsetzer, Lederwarenhersteller, Computerberater und mehrere neue aufsteigende Unternehmen. Wir werden auf diese "Agoristische Gemeinschaft" am Ende des Kapitels und genauer am Ende des Buches eingehen.

Diese besondere counter-ökonomische Gold Bank wird A&Co genannt. Aufgrund der Gesetze über die Bankenlizenzierung (die Regierung übt strenge Kontrolle über Banken aus), bezeichnet A&Co sich in seiner Einführungsliteratur nie als Bank, sondern nennt sich einfach "Ein Vertrauen für freie Marktwirtschaftsunternehmen" und agiert offen, aber nicht aufdringlich.

Das Haupterklärungsbuch von A&Co für seinen Betrieb verwendet zwar einige Umschreibung, aber der Buchtitel "Aktuelle Goldkonten: Ein Finanzinstrument im freien Markt" macht das Thema unmissverständlich klar. Nach einer kurzen Einleitung zur Inflation geht "Aktuelle Goldkonten" direkt in die Details. Das Geld wird in Gramm Gold definiert (eine Feinunze entspricht 31,10 Gramm). A&Co benötigt von Beginn an den unterschriebenen Vertrag des Kontoinhabers.

Die Mechanismen sind einfach und präzise. "Die Einzahlungs-Wechselkurse für aktuelle Goldkonten sind:

• derzeit einmal täglich bei geöffneten Gold-Märkten um 13:45 Uhr festgelegt. Wenn unser Volumen es erlaubt, werden wir die Kurse öfter während jeden Arbeitstages bestimmen;

• mit einem Spread von 1 % beibehalten und

• basierend auf der niedrigsten Prämien-Goldmünze, die manchmal Einzahlungskurse unter dem Goldbarrenpreis und Zahlungskurse über dem Goldbarrenpreis ergibt.

"Aktuelle Goldkonten verdienen derzeit 1,0 % p.a. (pro Jahr), zahlbar monatlich, auf Guthaben zwischen 100 Gramm Au (Au ist das chemische Symbol für Gold) und 400 gms Au; Beträge über 400 gms-Au verdienen derzeit keine Zinsen."

A&Co akzeptiert Einzahlungen in Goldstücken, Federal Reserve Notes (Dollars), Postanweisungen und "Zahlungsinstrumenten (Bankchecks, Geldanweisungen usw.)". A&Co und andere haben persönliche Girokonten (wie sie erklären), um mit den Instrumenten umzugehen.

Einzahlungsscheine sind unkompliziert. Sie können entweder direkt in Gramm Gold oder in Dollar ausgefüllt werden. A&Co berechnet dann automatisch den Wechselkurs und konvertiert die Dollar in Goldgramm. Anschließend wird die Quittung mit den endgültigen Zahlen verschickt. Gold kann in jeder beliebigen Form eingezahlt werden und wird auf Wunsch in österreichischen 100-Corona-Münzen (30,5 g) ausgezahlt. Da es schwierig ist, aus Kleingeld Gold zu bekommen, ist einer der offensichtlichen Vorteile einer CÖGB für ärmere Menschen, dass sie jetzt in Gold investieren können. Hierfür zahlen sie es auf ein A&Co-Konto in Dollar ein, um es später zu einem anderen Preis und einem anderen Zeitpunkt wieder umzuwandeln. Alle Dollarbeträge werden akzeptiert.

Falls es noch nicht offensichtlich ist, profitieren Reiche mit Regierungsverbindungen vom Papiergeld. Gold ist die primäre Verteidigung der machtlosen Armen. Die langjährige Propaganda zum Gegenteil dient eindeutig bestimmten Interessen. Es liegt stark im Interesse der wohlhabenden und mächtigen Nutznießer der Inflation, Gold schwer zugänglich und handelbar zu machen.

Die Schecks der Goldbank selbst werden "Überweisungsaufträge" genannt und man kann einen an ein anderes Mitglied der Bank ausschreiben, um entweder Gold oder Dollar zu übertragen. Die einzige Komplikation besteht, wie bereits im vorherigen Abschnitt erwähnt, in der Übertragung von Zahlungen an den "Außenmarkt". A&Co übernimmt vernünftigerweise den Aufwand, um das Interesse der Verbraucher zu wecken. Man sendet A&Co den Überweisungsauftrag und die Rechnung und sie senden einen gewöhnlichen, regulären Bankscheck mit den notwendigen Unterlagen.

"Wenn Sie uns Anweisungen zur Zahlung von Ihrem Goldkonto senden, fügen Sie Folgendes bei:

- eine Rechnung oder eine andere Form der Zahlung,
- einen Überweisungsauftrag für jeden Zahlungsempfänger mit vollständigen Anweisungen, (Name des Zahlungsempfängers, Betrag der Zahlung und Zahlungsform, wenn diese von einem kommerziellen Bankscheck abweicht) und
- einen unverschlossenen Umschlag mit Briefmarke und Adresse des Zahlungsempfängers."

"Wenn eines dieser Elemente fehlt, werden wir die Zahlung trotzdem bearbeiten, berechnen jedoch eine angemessene Gebühr für die zusätzliche Abwicklung."

Was könnte einfacher sein? Es werden anschließend Beispiele gegeben, einschließlich der Gold-zu-Dollar-Berechnungen. A&Co weist darauf hin, dass es ein bis drei Tage dauern kann, um komplexere Transaktionen abzuwickeln. Es wird anschließend darauf hingewiesen, dass die Konten einmal im Monat überarbeitet werden (üblich für die meisten banktypischen Vorgänge).

Der Rest dieses einfachen Heftes enthält Beispiele von Vorgehensweisen, Berechnungsmustern und eine Liste von Vorteilen. Ein Vorteil ist, dass man keine Kapitalertragsstrafen zahlen muss, wenn man Einkünfte erfasst. Dies ist ein wichtiger Vorteil und verdient deshalb mehr Aufmerksamkeit. Wenn man zum Beispiel 20 Gramm Gold für 200 Dollar kauft und später für 400 Dollar verkauft, um eine Schuld zu begleichen, muss man auf den Gewinn von 200 Dollar Steuern zahlen, wenn man ihn meldet. Da der Dollar tatsächlich die Hälfte seines Wertes verloren hat und das Gold seinen Wert nicht verdoppelt hat, hat man lediglich seinen Vermögenswert erhalten. Trotzdem müssen weiterhin Steuern auf diesen imaginären Kapitalgewinn gezahlt werden. Während hartgesottene Counter-Ökonomen sich nicht freiwillig bei den Steuerbehörden melden würden, könnten halbherzige oder graue Markt-Counter-Ökonomen versuchen, sich abzusichern. A&Co bietet daher auch diesen halbwegs entschlossenen Menschen einen Dienst an.

Der Datenschutz ist ein weiterer Vorteil mit offensichtlichen Vorteilen für die Wirtschaft. A&Co nennt auch ihre niedrigen Gebühren und die Möglichkeit, Gold zu Zinsen zu erwerben - ohne hohe Aufschläge von Münzhändlern zu zahlen. Als letzten Vorteil erwähnen sie "Unterstützung des freien Marktes".

Ein regelmäßiger von A&Co herausgegebener Newsletter ist der *Free Market Advertiser*, in welchem die monatlich verwendeten Gold-Dollar-Wechselkurse veröffentlicht, kooperierende gegenwirtschaftliche Unternehmen bekannt gemacht und ihre Berichte an Aktionäre veröffentlicht werden. A&Co betreibt auch eine kleine Börse für diese Unternehmen.

Diese Menschen wissen, was sie machen und warum. Wirtschaftliche und ideologische Artikel und Leitartikel über die Vorzüge des reinen freien Marktes, sowie Angriffe auf die Unmoral der staatlichen Besteuerung und Regulierung, sind reichlich vorhanden. Das Bewusstsein dafür wurde aufgebaut.

Probleme der counter-ökonomischen Bank

Viele werden es erstaunlich finden, dass etwas so organisiertes und Anspruchsvolles wie eine Bank (geschweige denn eine sich entwickelnde Börse) wie eine Anarchie funktionieren kann - ohne Regierung. Die hohe Rechtschaffenheit der Verantwortlichen von A&Co - Nichtraucher, Nichttrinker usw. - steht sicherlich im Widerspruch zum Schwarzmarkt-Image, dennoch diskriminieren sie keine anderen Counter-Ökonomen.[16] Solange sie ihre Rechnungen ordentlich beifügen und bezahlen, sind alle willkommen. Selbstverständlich ist die Bank eine Hauptquelle für Investitionskapital bei lokalen Counter-Ökonomen.

Eines bereits in diesem Buch hervorgehobenes Thema, ist die relative Machtlosigkeit der Regierung. Die Strafverfolgung ist hilflos, wenn Gesetze nicht von den Menschen selbst stark akzeptiert und durchgesetzt werden - selbst in den totalitärsten Diktaturen. Selbst wenn jeder - einschließlich der Counter-Ökonomen - die Unrechtmäßigkeit bestimmter Handlung anerkennt (wie Mord oder Diebstahl), erfasst der Staat statistisch gesehen nur 20% dieser Straftäter. Das bedeutet, über 80% der wahren Kriminellen -welche schlimme Verbrechen begehen-, entkommen dem ineffizienten staatlichen Apparat.

Eine wichtige Maßnahme, um das Risiko staatlicher Einmischung in die eigene Geschäftstätigkeit zu minimieren, ist die Zusammenarbeit aller Beteiligten – sei es stillschweigend oder offiziell. Für die counter-ökonomische Bank bringt diese Zusammenarbeit nachhaltige Vorteile für alle Geschäftspartner mit sich. Diese Zusammenarbeit ist mindestens ebenso essentiell wie das Bekenntnis zur ideologischen Loyalität und die potenzielle Ausschließung von Geschäftspartnern und Kunden, welche dem Staat Aktivitäten melden. Möglicherweise belohnt der Staat hartnäckige Kriminelle für verräterisches Verhalten, aber selbst nach sieben Jahren und unzähligen Menschen hat es nicht funktioniert - obwohl sich jeder der Konsequenzen bewusst war.

Während sich der Handel immer weiter ausbreitet, nehmen auch die damit verbundenen Vorteile zu und das Kopfgeld muss immer weiter erhöht werden, bis der Staat nicht mehr in der Lage ist, einen bedeutenden Teil davon zu unterdrücken.

Ein besonders sensibles Problem für die inflationäre Counter-Ökonomie, obwohl es allgemein ist, betrifft den Fluss und die Speicherung von Informationen. Marketing und Werbung sind gut für das Geschäft; regelmäßige finanzielle Offenlegung schafft Vertrauen, Zuversicht und mehr Geschäft. Dennoch steigt das Risiko mit jeder offengelegten Information über die gegenwirtschaftliche Aktivität, dass selbst Keystone Behörden zufällig darauf stoßen, erkennen was vor sich geht und dagegen vorgehen.

Zum Glück erlebt die Counter-Ökonomie zeitgleich zu den finanziellen Fortschritten einen Durchbruch in der Informationsverarbeitung und -übertragung, die nun komplett frei von unerwünschter Einmischung ist.

Im nächsten Kapitel wird der Aufstieg der informationsbasierten Counter-Ökonomie betrachtet. Wenn die Inflation der große Anreger der Counter-Ökonomie ist, dann kann die Explosion der Informationsbranche als neuer, strahlender weißer Ritter betrachtet werden, der die Counter-Ökonomie verteidigt.

Counter-ökonomische Tauschgeschäfte

Tauschen ist zu einem aktuellen Trend geworden und die Motivation besteht größtenteils darin, Steuern zu vermeiden und die Inflation zu umgehen. Ein kürzlich erschienenes Buch behauptete tatsächlich, dass offener Handel ohne Geld die neue "unterirdische" oder "subterrane" Wirtschaft sei. Die Wahrheit ist fast das Gegenteil.

Gemeldetes Tauschen wird besteuert. Die meisten neuen großen Tauschnetzwerke mit computergestützter Buchhaltung und aufwendiger Werbung geben ihre Transaktionen gegenüber der Internal Revenue Service oder dessen Äquivalent in anderen Ländern preis. Die IRS weist einen Wert für die ausgetauschten Güter zu und verlangt Steuern darauf. Die Mehrwertsteuer wird in Abhängigkeit der örtlichen Gesetze erhoben oder auch nicht. Selbst wenn die Besteuerung teilweise vermieden wird, können die Regierungen zu jedem gewünschten Zeitpunkt neue Steuern auf die Transaktionen erheben.

Für finanziell schwache Unternehmen bringt der offene Tauschhandel einen weiterer Vorteil mit sich. Wie bereits im vorherigen Kapitel angedeutet wurde, ist es äußerst sinnvoll, eine Form von Geld zu verwenden, um Mehrwert auszutauschen. Es ist nicht zufällig, dass Unternehmen immer wieder feststellen, dass sie zwar Guthaben im Tauschgeschäft haben, jedoch nicht die gewünschte Ware finden und ihre angebotene Tauschware unbeachtet bleibt.

Der Tauschhandel gegen den Wirtschaftstrend hat eine andere Funktion. Die Ware wird in Dollar oder Gold bewertet und Geld wechselt oft den Besitzer, um den Unterschied im Wert der Waren auszugleichen.

Das *Tauschbuch von 1979* legt mehrere einfache, auf dem gesunden Menschenverstand beruhende, Regeln für den Tauschhandel fest. Zwei davon sind jedoch offensichtlich counter-ökonomisch: "Sie [die namentlich genannten Tauschhändler] nutzen den direkten Austausch. Sie werden niemals in Drittpartei-Tauschhandel verwickelt. Sie haben von Tausch-Guthabensystemen und Tauschklubs gehört, sind aber nicht interessiert. Wenn der Schwerpunkt auf Effizienz liegt, würden sie Geld verwenden."

"Sie ernten steuerliche Vorteile. Sie erfassen ihre lockeren, unstrukturierten, freundlichen Löhne nicht." [17]

Ohne hohe Steuern und steigende Inflation von Papiergeld würden die meisten beschäftigten Menschen schnell vom Tauschhandel abgeschreckt werden, da dies zu vielen Unannehmlichkeiten und Kosten führen würde. Die "Free-Enterprise Scare" nach der Wahl und der frühen Amtszeit von Ronald Reagan im Jahr 1981 führte fälschlicherweise zu der Annahme, dass Steuern und Inflation sinken würden, was zum Scheitern vieler Tauschhandelsbörsen führte. Gezielte Angriffe und öffentliche Maßnahmen des IRS (Internal Revenue Service) führten schnell zum Zusammenbruch der Tauschbörsen.

Der gegenwirtschaftliche Tauschhandel geht weiter, aber wenn sich ein besseres System herauskristallisiert (die Bequemlichkeit von Gold-Banking), dann wird es Platz machen.

Selbst der Tauschhandel könnte durch Einführung von Computernetzwerken erheblich erleichtert werden und sich an die Bequemlichkeit einer Feinabstimmung mittels Geld annähern. "Geld ist Information" ist mittlerweile ein Klischee. Wenn jeder einem global agierenden Computernetzwerk beitreten würde, könnte man theoretisch genauso schnell und bequem Transaktionen abschließen wie mit Geld. Und die Entstehung der Informations-Counter-Ökonomie könnte genau das ermöglichen.

Selbst in diesem idealen Szenario gibt es keinen Grund, die Konten nicht in Gold-Einheiten zu führen, um alle Hartnäckigen, Querköpfe und diejenigen ohne Computeranschluss einzubeziehen.

Vorläufige Verhandlungen wurden mit A&Co aufgenommen, um möglicherweise die erste counter-ökonomische Kreditkarte auszugeben (eine "Bank AnarchoCard" vielleicht?). Es ist nicht überraschend, dass Computerberater und Programmierer diesen Service anbieten.

<u>Fußnoten</u>

1. Ein kürzlich erschienenes Buch, "Wie man in der Untergrundwirtschaft blüht" von Larry Burkett mit William Proctor (William Morrow & Company 1982), verfehlt völlig diesen Punkt. Es ist nichts "unterirdisches" — oder zumindest gegenwirtschaftliches — an Tauschgeschäften, wenn die Bücher für die Internal Revenue Service offen sind.

2. In der jüngsten Zeit wurde viel Literatur über die Natur und Geschichte des Geldes veröffentlicht, von streitbaren Broschüren bis hin zu genauen, aber undurchsichtigen wirtschaftlichen Analysen. Eines der präzisesten, einfachsten und angenehmsten Bücher dazu ist immer noch "Was hat die Regierung mit unserem Geld gemacht?" von

Dr. Murray N. Rothbard, einem ehemaligen Studenten von Ludwig Von Mises und einem seltenen Ökonomen, der nicht den Interessen einer Regierung oder einer möglichen Regierung dient.

3. Wie vom Autor von Ökonomie-Historiker Professor Murray N. Rothbard, PhD, berichtet.

4. Der österreichische Nobelpreisträger für Wirtschaft, Friedrich von Hayek, schlägt nun vor, dass konkurrierende Währungen erlaubt werden und Geld vom Staat "entstaatlicht" werden sollte.

5. Die meisten auf der österreichischen Wirtschaftstheorie basierenden Schriften haben den Konjunkturzyklus seit der bahnbrechenden Veröffentlichung von Mises' Doktorarbeit: "Theorie des Geldes und der Umlaufsmittel" (1910) im Detail erklärt. Es erklärte die Große Depression 19 Jahre, bevor sie geschah. Hier ist eine längere Skizze für diejenigen, die keine Verweise nachschlagen möchten...

6. Siehe "Die Alpha-Strategie" von John Pugsley für nützliche Details.

7. Morain, D. (1981, 16. Dezember). "4 schuldig in Geldwäsche-Schema." Los Angeles Times, S. II3.

8. Ibid.

9. Kent, T. (1980, 4. September). "Schwarzer Markt für Gold blüht in Russland." Associated Press.

10. Ibid.

11. Ibid.

12. Misstrauische Goldhändler befeuern den Schwarzmarkt: Thailändische Verkäufer kleiden sich oft in Lumpen. (1982, 10. Januar). Los Angeles Times, S. II-7.

13. Ibid.

14. Ibid.

15. Ibid.

16. Hargis, A. L. (1981). "Aktuelle Goldkonten: Ein freies Markt-Geldinstrument." Costa Mesa, Kalifornien: Anthony L. Hargis & Co., Ein freies Marktunternehmensvertrauen. Anmerkung des Herausgebers: SEK3 hat den Namen zu dem Schutz der ALH&Co. zur Zeit der Niederschrift als "A&Co." verschleiert. Leider gerieten die Aktivitäten von ALH&Co. 1996 ins Visier; 2004 wurden die Vermögenswerte des Unternehmens (d.h. die Gold- und regulären Bankguthaben der Kunden) vom IRS beschlagnahmt. Anthony L. Hargis wurde wegen Missachtung des Gerichts inhaftiert, nachdem er

sich geweigert hatte, seine Aufzeichnungen herauszugeben. Siehe: Kristof, K. M. (2004, 10. März). "U.S. verklagt O.C. Mann in Steuerbetrug." Los Angeles Times. Abgerufen von http://articles.latimes.com/2004/mar/10/business/fi-taxscam10.

17. Simon, D. A. (1979, Oktober). "Tauschen: Die Tricks des Handels." Cosmopolitan, S. 226.

6. Informationsaustausch in der Counter-Ökonomie

Der Austausch von Informationen unterscheidet die Counter-Ökonomie vom regulären Markt. Betrachten Sie den elementaren Unterschied zwischen einem Straßendeal mit und ohne die wachsamen Augen staatlicher Agenten. Oder betrachten Sie ein anlegendes Schiff, welches seine Waren entlädt, Zahlungen entgegennimmt und abfährt. In einem Fall wurden die Formulare ausgefüllt und die Importe bei der Regierung registriert; im physisch identischen Fall — aber nicht informativ — wurden keine Papiere beim Staat eingereicht und seine Agenten waren sich der Existenz nicht bewusst. Durch den Austausch von Informationen entstand auf einmal Schmuggelware und das Verbrechen des Schmuggels wurde begangen.

Die Kontrolle von Informationen ist der reine Existenzkampf eines jeden Staates. Wenn man den Informationsfluss zur Regierung komplett abschneiden könnte, wäre sie nicht handlungsfähig. Seltsamerweise hat die Regierung der Vereinigten Staaten kürzlich bei der Regulierung der Informationsindustrie aufgegeben. Und dennoch bleibt der Konflikt bestehen, insbesondere über die mächtige Methode der Computerprogrammierung, die als Public-Key-Kryptographie bekannt ist.

Sollte die Kryptographie erfolgreich sein, ist der lang ersehnte Traum von funktionsfähiger Anarchie eingetroffen. Um die volle Auswirkung zu verstehen, betrachten wir die Funktionsweise von Staaten oder vielmehr ihre Mechanismen von Raub und Diebstahl.

Raubbau durch die Jahrhunderte

Am Anfang war der heutige Staat nur eine Bande von Räubern, die ein Gebiet terrorisierten. Die Art der Besteuerung war einfach: die Bande stahl alles, was sie für wertvoll hielten; aßen alles, was essbar war; und missbrauchten alles, was ansprechend aussah. Um die Barbaren zu überlisten, versteckte der kluge Bauer sein Gold, seine Töchter (und Söhne) und sein Vieh. Um diese Informationsunterbrechung zu verhindern, verbrannte die machtgierige Horde oft die Dörfer, nachdem sie alles erbeutet hatten, was sie konnten.

Wo die Plünderer sesshaft wurden und eine ordentliche Regierung bildeten, zügelten sie ihre Gier und erpressten Tribute von Bauern, die gerade genug zum Überleben hatten und für die nächste Ernte im nächsten Jahr motiviert wurden. Priester wurden bestochen, um das Volk von der göttlichen Legitimation der

Herrscher zu überzeugen. Und im Mittelalter begnügten sich die Herren nur mit der ersten Nacht mit der Bauernbraut (droit du seigneur).

Die häufigste Form der Steuerhinterziehung war die Nichtangabe von Vermögenswerten. Doch durch den immer komplexer werdenden Markt entstanden einige inoffizielle Geschäftsaktivitäten. Informanten werden vom Schulhof bis zum Gefängnishof am meisten verachtet und gefürchtet. Der "Spitzel" wird von gewalttätigen Banden (sogar von kleinen, embryonalen Staaten) automatisch mit dem Tode bestraft; daher werden Informanten von moralischen, friedlichen Counter-Ökonomen gemieden.

Die amerikanische Gesellschaft im 20. Jahrhundert hatte viele Informanten. Um es besser darzustellen: Jeder in der UdSSR, der kein Informant ist, wurde überwacht.

Sogar die Informanten selbst wurden überwacht. Es ist am sichersten, seine Informanten zu identifizieren und dann sorgfältig auszuwählen, welche Informationen man verwenden möchte.

Die Drogenbranche ist voll von DEA- und Polizei-Informanten. Waffenhändler werden oft erst gefasst, wenn die BATF einen Informanten innerhalb ihrer Organisation hat. Politische Oppositionelle haben oft mehr zahlende Mitglieder vom Inlandsgeheimdienst als engagierte Mitglieder. Das Bundeskartellamt benötigt Konkurrenten, die eifersüchtig aufeinander sind, um ein Unternehmen wegen Verstoßes gegen das Antitrust-Gesetz anzuzeigen.

Und über allem thront die staatliche Steuerbehörde mit einem Netzwerk aus Spionen, Informanten, verärgerten Konkurrenten, rachsüchtigen Ehepartnern, verschmähten Liebhabern und Kopfgeldjägern. Keine andere legale Vollstreckungsbehörde des Staates ruft so viel Furcht und Angst hervor wie der Internal Revenue Service (IRS).

Der IRS ist das erhobene Schwert und die gepanzerte Faust des Staates. Während der Rest des Staates vorgibt, Gutes zu tun, scheitern alle Versuche, das Aussehen der Steuerbeamten zu verbessern. Ein bekannter Aufkleber auf Stoßstangen bringt es auf den Punkt: "IRS: It Really Steals."

Wie die Besteuerung funktioniert…

In der modernen Welt können Steuereintreiber nicht auf ihre schweißgetränkten Rösser steigen, ihre Morgensterne und Keulen ziehen und schreiend durch die friedlichen Vororte reiten, um nach Reichtümern für die Machthabenden zu suchen - so sehr sie sich das auch wünschen würden. Im Gegensatz zu ihren spirituellen Vorfahren vor drei Jahrtausenden haben sie jedoch einen Vorteil.

Ihre Opfer stellen sich selbst.

Dreitausend Jahre der Mystifizierung zahlen sich in den USA jährlich am 15. April aus (am 30. April in Kanada, an verschiedenen Frühlingstagen in anderen Ländern). Die amerikanischen Bürger werden um die Zusendung der benötigten Informationen für den Staat gebeten. Die genaue Menge spielt keine Rolle; die Abzüge sind nur Augenwischerei.

Die harte Wahrheit ist, dass der Staat ohne diese freiwillig übermittelten Informationen keine Ahnung über die Verteilung des Reichtums hätte.

Es ist keine neue Erkenntnis, dass der Staat austrocknen und verwehen würde, wenn jeder aufhören würde Formulare einzureichen. Die counter-ökonomische Einsicht ist, dass dies jeder machen kann (und macht), ohne auf die anderen zu warten. Die Technik besteht in der Kontrolle des eigenen Informationsflusses; insbesondere den Informationsfluss zum Staat.

Sichtbarkeit und Profil

Es gibt drei Möglichkeiten, um sich von staatlicher Ausbeutung zu befreien und Informationen zu nutzen. Zwei davon setzen voraus, dass man relativ allein handelt, und die dritte Möglichkeit geht vom Gegenteil aus.

Viele Menschen kennen die Niedrigprofil-Taktik, bei der man für die Steuerbehörde und andere staatliche Stellen "unsichtbar" bleibt. Im Rest dieses Kapitels wird sich auf diese Methode konzentriert. Jedoch sollten wir auch die anderen Taktiken nicht vergessen, insbesondere weil sie mehr Gewinn (und damit größere Risiken) mit sich bringen.

Die Hochprofil-Counter-Ökonomie bezieht sich auf einen bestimmten Bereich der staatlichen Zwangsgewalt, indem sie ihre Opferrolle betont. Mehr Lärm bedeutet mehr Aufmerksamkeit. Die berühmten Chicago 8 nutzten die Öffentlichkeit, um jahrelang aus dem Gefängnis herauszukommen - selbst nach ihrer Verurteilung.

Menschen mit diesem offensichtlichen zivilen Ungehorsam vertrauen darauf, dass öffentlicher Druck sie aus dem Gefängnis heraushält oder ihre Strafen minimiert. Tatsächlich scheuen die Vollstrecker des Staates vor der Erschaffung von Märtyrern zurück. Die Macht der Information zeigt sich hierbei im Konzept

116

des Märtyrers, denn was ist ein Märtyrer anderes als eine Leiche mit einer interessanten Geschichte?

Hochprofil-Counter-Ökonomen haben höhere Risiken, weil sie so leicht zu erkennen sind. Sie haben den Vorteil eines zusätzlichen Informationsflusses - von sich selbst zum Rest des Marktes. Sie wirken zudem in dem Maße ihres Erfolges inspirierend. Tatsächlich hat dieser Autor bewiesen, dass die Verfolgung der Vorteile von sowohl hohem Profil als auch geringer Sichtbarkeit gleichzeitig möglich ist. Der Trick besteht in der Schaffung einer dritten Kategorie: Die counter-ökonomische Gemeinschaft.

Man kann jedes Maß an Bekanntheit (oder mit anderen Worten: freie Werbung für die eigenen Dienstleistungen) innerhalb einer Gemeinschaft von Counter-Ökonomen verfolgen, ohne den Staat, seine Beamten und natürlich seine Informanten zu involvieren. Um das zu erreichen, muss man den Informationsfluss über sich selbst kontrollieren.

Informationsfluss

Hast du schon mal bemerkt, dass du nach dem Bestellen per Post oder einer Spende an eine Wohltätigkeitsorganisation oder einen Politiker plötzlich mit vielen Anfragen überschwemmt wirst? Durch deine Aktion hast du Informationen ausgehen lassen und bist mit einem Strom an Rückmeldungen belohnt worden.

Informationen sind die Rohressource einer wachsenden Branche, einschließlich der Datenverarbeitung und einem Großteil der Computerprogrammierung. Die Theorie der Informationsverarbeitung ist ein akademisches Thema von großer Bedeutung.

Da es ein schnelllebiges Geschäft ist, hat die US-Regierung aufgegeben, es zu regulieren.[1] Abgesehen von der Diskussion über fortschrittliche Technologie gibt es zwei offensichtliche Möglichkeiten, der Aufmerksamkeit des Staates zu entgehen: Entweder existiere nicht oder, wenn man existiert, erzähle niemandem davon. (Es gibt auch das agoristische Verfahren: Kommuniziere nur mit Gleichgesinnten, die genauso viel verbergen wollen.)

Einige Counter-Ökonomen gehen extrem weit. Sie brechen sämtliche unnötigen Verbindungen ab, meiden jede Mailing-Liste, handeln nur mit Bargeld und verzichten auf Banken. Sie meiden sogar offizielle Wohnsitze und leben als Nomaden in Wohnwagen, auf brachliegenden Flächen, in Höhlen oder Provisorien.

In den 1960er Jahren waren selbstbewusste Counter-Ökonomen, auch Proto-Agoristen genannt, in der Lage, einen Newsletter namens *Vonulife* zu veröffentlichen. Der Name Vonu stand für die Unverwundbarkeit gegenüber Zwang, was auch ihr Ziel war.

Sie hatten Schwierigkeiten, Kontakt zu halten und sind heute größtenteils verschwunden.

Jedoch nicht, bevor sie versucht hatten, den Staat zu überlisten und trotzdem in der Gesellschaft zu bleiben. Der Staat und die menschliche Gesellschaft sind natürliche Feinde. Es sollte daher möglich sein, die Gesellschaft als Verbündeten gegen den Staat zu nutzen. (Erinnern Sie sich an das soziale Ansehen von Spitzeln?)

Sie nannten das Konzept der Interaktion mit der Gesellschaft, die nicht Teil der "vonu"-Bewegung war, "Interfacing". Im letzten Kapitel haben wir ein Beispiel für dieses Konzept gegeben, als wir das Konzept der gegenwirtschaftlichen Banken erklärt haben.

Wenn Sie die etablierte Wirtschaft kontaktieren möchten, können Sie dazu eine andere Identität schaffen. Man lässt eine erfundene Person die Gefahren auf sich nehmen und kann diese Identität ablegen, sobald sie bald enttarnt werden soll.

Es gibt ernste Probleme mit diesem Ansatz.[2] Einfach gesagt, solange die Staatsbeamten hinter dieser falschen Persönlichkeit her sind, sind sie auch hinter dir her.

Wenn man sein Ego ablegt, verliert man auch alle damit verbundenen Konten, Kontakte, Freunde und Eigentum. Es ist zwar besser als verhaftet zu werden, aber es ist keine Lösung.

Mehrere Identitäten - wenn man sie auseinanderhalten kann - sind eine Verbesserung.

Die Lösung ist weder, sekundäre Identitäten aufzugeben, noch von ihnen abhängig zu sein. Die Technologie sollte als Backup - Anti-Verhaftungs-Versicherung - verwendet werden. Für illegale Immobilien ist es unvermeidlich, eine Art von Scheinfirma oder Identität zu verwenden.

Das führt zu einer natürlichen Kategorisierung des Informationsflusses in einem Schichtensystem. Mit jeder Schicht gibt es geeignete counterökonomische Techniken, einige langjährig erfolgreich, andere noch von talentierten jungen Innovatoren zu entwickeln.

Innere Schicht des Informationsflusses

Der tiefste Kern deiner persönlichen Informationen umfasst dich und deine engsten Vertrauten.

Einige Menschen müssen an sich arbeiten und lernen, wann sie wem welche Auskünfte geben sollten. Die Wahl des Ehepartners und der Familie auf der Basis ihrer Diskretion scheint möglicherweise wenig romantisch oder biologisch begründet zu sein. Es ist jedoch von Vorteil, dass viele Familien eine langjährige Tradition haben, vertrauliche Informationen "in der Familie" zu bewahren.

Die nächste Ebene bezieht sich auf die Beziehung zu Freunden und entfernten Verwandten. Achte darauf, dass Fragen zu Einkommen und Geschäftspraktiken als sozial unhöflich gelten. Dies könnte ein Hinweis auf die natürliche Entwicklung der Gesellschaft hin zum Agorismus sein.

Die letzte Ebene kann am riskantesten sein: Kunden, Klienten, Lieferanten und Partner, die spezifisches Wissen über dich haben. Wenn sie engen Kontakt haben, wissen diese Personen auch etwas über deine anderen beiden Schichten.

Es gibt zwei nützliche Techniken, um die Weitergabe von Informationen zu kontrollieren. Eine besteht darin, Geschäftliches und Privates strikt zu trennen, um die Gefahr der Vertuschung zu vermeiden. Diese Vorgehensweise sollte jedoch vorsichtig angewendet werden, da sie Verdachtsmomente hervorrufen kann, auf die nur wenige widerstehen können. Dadurch werden die geschäftlichen Verbindungen auf die nächste Ebene gelegt.

Die andere Technik besteht darin, Risiken auszutauschen. Wenn jemand etwas über dich weiß, dann macht er sich weniger Sorgen darüber, mehr über dich herauszufinden. Das ist eine Art von Vertrauensaustausch, deshalb sollte man Geschäftspartner genauso sorgfältig wie romantische Beziehungen auswählen.

"Bist du auch ein Counter-Ökonom?" könnte das erleichternde Seufzen der 1990er Jahre sein.

Mittlere Schicht des Informationsflusses

Die Basis aller geschäftlichen Informationen sind deine Aufzeichnungen. Wer sollte diese Bücher sehen? Wenn alles gut läuft, niemand.

Auch wenn man der Welt vertraut, gibt es keinen guten Grund, anderen Personen so viel Zugang zu den eigenen Unterlagen zu gewähren, dass sie die Daten wie ein Puzzle zusammensetzen können (z. B. im Falle einer forensischen Buchhaltung). Es kann notwendig sein, die Bücher in Bezug auf ein bestimmtes Projekt oder Geschäftsvorhaben offenzulegen, wenn zum Beispiel andere in Investitionen involviert sind. Auch dies kann counter-ökonomisch gehandhabt werden.

Eine zusätzliche Schicht in deinen Dokumenten kann dich vor unbefugten Blicken schützen.

Der relevante Teil des Informationsflusses ist die mittlere Schicht (eine Art Mesosphäre, wie Wissenschaftler sie nennen würden). Hier findest du informelle Interaktionen mit anderen Personen.

Niemals Informationen über counter-ökonomische Aktivitäten preiszugeben, oder - bevor man das macht - die Konsequenzen bewusst zu bedenken, ist eine zu entwickelnde offensichtliche Tugend oder gute Angewohnheit. "Ich spreche morgen mit dir darüber, ich muss zuerst etwas überprüfen", gibt einem 24 Stunden zum Abwägen der Risiken.

Dennoch muss man beim Umgang mit dem Rest der Welt einige Informationen preisgeben: welches Produkt oder welche Dienstleistung man anbietet, für welchen Preis, welche Zahlungsmittel akzeptiert werden, wie man in Kontakt treten kann und wann die Dienstleistung oder das Produkt verfügbar ist. Wenn es mehrere Zahlungen, Kreditvereinbarungen, wiederkehrende Geschäfte und Nachverfolgung nach dem Verkauf gibt, müssen noch mehr Informationen fließen.

Eine weitere gute Technik ist der Informationsaustausch. Wenn man etwas preisgibt, erfährt man auch etwas vom Lieferanten oder Kunden.

Wenn du feststellst, dass dein Gegenüber ebenfalls counter-ökonomisch ist, halte die Erleichterung etwas zurück. Du musst immer noch herausfinden, wie counter-ökonomisch. Schließlich gibt es counter-ökonomische Polizisten und sogar IRS-Agenten! Jeder bricht zu einem gewissen Zeitpunkt Gesetze; es ist unmöglich das nicht zu tun.

120

Was jedoch eher von Vorteil ist. In der Regel ist es nicht offensichtlich, ob dein Klient oder Handwerker counter-ökonomisch handelt und du musst den ersten grenzüberschreitenden Schritt gehen. Und da jeder zu einem gewissen Grad counter-ökonomisch handeln muss, ist dieser Schritt nicht unbedingt etwas Außergewöhnliches.

Dies ist viel einfacher als es klingt. Hunderte Male hat dieser Autor Druckereien aufgesucht und vorgeschlagen keine Quittungspapiere zu verschwenden und die Verkaufssteuer wegzulassen. Ablehnung erfolgt normalerweise nur wenn man den Fehler macht und mit einem Nicht-Entscheidungsträger spricht. Sei sogar bei der kleinsten Bürokratie vorsichtig. Taxifahrer in New York lassen die Fahne oben, wenn man nicht zu sehr, wie ein Gesetzeshüter aussieht - und wenn man zuerst fragt, greifen sie das Angebot gerne auf.

Zumindest gegenwärtig hat die nordamerikanische Gesellschaft Druck auf das Regierungssystem ausgeübt, solche Schlupflöcher missbilligend hinzunehmen. Das wird sich ändern, aber bis dahin ist es ein großer Segen für Counter-Ökonomen.[3]

Persönlicher Kontakt hat den Vorteil, ein gegenwirtschaftliches Balzritual zu ermöglichen. Aber man gibt entsprechende Informationen von sich preis, wenn man die Beobachtung eines anderen zulässt. Es ist ein Kompromiss. Wie immer im Bereich der Counter-Ökonomie muss man in jeder bestimmten Situation die Risiken gegen die Vorteile abwägen.

Betrachte ebenso die Vorteile des unpersönlichen Kontakts durch Werbung und Mundpropaganda, Korrespondenz, Lieferung über (möglicherweise counter-ökonomische) Kurierdienste und Zahlung per Post, Kurier oder sogar über gegenwirtschaftliche Banken. An diesem Punkt ist es an der Zeit, den Computer herauszuholen.

Computer für Counter-Ökonomie

Betrachte das Szenario: Eine Person sucht nach individuell angefertigten Schuhen und schaut sich eine Liste von Produkten an. Nachdem sie die Kategorie "Schuhe" ausgewählt hat, ruft sie eine Liste von Lieferanten auf. Einer von ihnen bietet ungewöhnliche Arbeiten an und gibt einen Zugangscode preis. Der Code wird eingegeben und

eine Liste von Angeboten erscheint. Sie hat eine Sonderanfrage gestellt, die nicht aufgelistet ist, nämlich die Bestellung eines Paars hoher Hirschlederstiefel mit eingestickten Elfenrunen für eine Fantasy-Messe. Eine Skizze der Stiefel wird je nach Art der Verzierung mit Spezifikationsnummern und Kosten angezeigt.

Die Bestellung wird aufgegeben und eine Anzahlung vereinbart. Die Anzahlung wird über die Counter-ökonomische Bank überwiesen. Die Stiefel werden geliefert, als zufriedenstellend befunden und der Restbetrag gezahlt. Weder die eine noch die andere Partei des Geschäfts hat sich der anderen gegenüber offenbart.

Wer sich mit der heutigen Computertechnologie auskennt, weiß, dass dies bereits in den meisten großen Städten und Universitäten vollständig oder teilweise umgesetzt wird.

Außerdem ist es möglich, Aufzeichnungen in Buchform hinter einem komplexen Code zu verbergen, wobei der Aufwand, diesen Code zu knacken, größer ist als der Nutzen. Man kann auch über ähnliche Codes Werbung schalten und Kontakt aufnehmen oder herstellen.

Auch hier ist die Technologie verfügbar, oder wie Hacker sagen: "online". Das ist ein Traum für Counter-Ökonomen, aber ein wachsender Albtraum für alle Steuer-, Regulierungs- und Kontrollbehörden.

Der "Schlüssel" dazu ist die Public-Key-Kryptographie. Die National Security Agency (NSA), die umgangssprachlich als "The Puzzle Palace" bekannt ist, ist gegen diese Technologie und versucht, diese Systeme zu knacken. Außerdem versucht es, Unternehmen und Bürokratien davon zu überzeugen, ein standardisiertes und leicht zu überwachendes System zu verwenden. Dabei sollte man berücksichtigen, dass Kryptographie ein sich ständig weiterentwickelndes System ist. Es ist eine Art von friedlichem Wettrüsten, bei dem eine Seite den Code bricht und die andere ein neues System entwickelt.

Jeder der in Erwägung zieht solche Systeme zu verwenden, sollte die aktuelle Literatur überprüfen und mit computerkundigen Freunden sprechen. (Das übliche Problem besteht darin, sich auf ein enges Thema festzulegen.) Eine beliebte Quelle, um sich auf dem neuesten Stand der Public-Key-Kryptographie zu halten, ist die in den meisten Bibliotheken verfügbare Zeitschrift *Byte*.

Mehrere Korrespondenzpartner definieren ein Krypto-System. Der Sender verfügt über einen Verschlüsselungs-Key, der Empfänger hat einen

Entschlüsselungs-Key. Diese sind nicht identisch. Die normale Nachricht kann als Klartext bezeichnet werden und die verschlüsselte Form als Geheimtext.

"Kryptografische Schlüssel sind analog zu den Haus- und Autoschlüsseln, die wir in unserem täglichen Leben tragen und erfüllen einen ähnlichen Zweck. In vielen modernen Systemen besteht jeder Schlüssel aus einer Zeichenfolge von Ziffern. Zum Beispiel bestehen die von der Data Encryption Standard des National Bureau of Standards definierten Schlüssel aus 64 binären Ziffern, von denen 56 signifikant sind." [4]

Wie funktioniert das? "Um eine Nachricht zu verschlüsseln, wird ein Schlüssel und die Nachricht irgendwie in ein Verschlüsselungssystem eingegeben und das entstehende Kryptogramm ist ein Durcheinander von Zeichen, was sowohl von der Nachricht, als auch dem Schlüssel abhängig ist. Um die Nachricht zu entschlüsseln, wird der richtige Schlüssel und das Kryptogramm in ein Entschlüsselungssystem eingegeben und die Klartextnachricht erscheint." [5]

Das ist mit konventioneller Codierung ziemlich einfach. Die Schlüssel sind gleich und müssen sorgfältig geschützt werden und man muss den Korrespondenzpartner besuchen, um Schlüssel auszutauschen. Aber bei Verwendung von öffentlichen Schlüsseln wird das Problem des Treffens und der Geheimhaltung gelöst.

Diese Schlüssel haben bemerkenswerte, fast magische Eigenschaften:

• Für jeden Verschlüsselungs-Key gibt es einen nicht identischen Entschlüsselungs-Key.

• Es ist möglich ein Schlüsselpaar zu berechnen, bestehend aus einem Verschlüsselungs-Key und einem entsprechenden Entschlüsselungs-Key.

• Es ist nicht möglich den Entschlüsselungs-Key aus dem Wissen über den Verschlüsselungs-Key zu generieren. [6]

Du und deine Korrespondenzpartnerin, sagen wir Mary, können auf einem "öffentlichen" Bulletin Board counter-ökonomisch Kontakt aufnehmen. Nachdem ihr euch auf einen Informationsaustausch geeinigt habt, richtet ihr eine Verschlüsselung ein. "Um diese einzurichten, generiert ihr ein Schlüsselpaar und sendet den Verschlüsselungs-Key auf bequeme Weise Mary. Er muss nicht geheim gehalten werden. Er kann nur Nachrichten verschlüsseln, nicht entschlüsseln. Das Offenlegen enthüllt nichts Nützliches über den Entschlüsselungs-Key. Um es ihr zu ermöglichen private Nachrichten an dich zu senden, muss Mary ebenfalls ein Schlüsselpaar erstellen und dir den Verschlüsselungs-Key senden. [7]

Man kann den Verschlüsselungs-Key öffentlich machen, ohne Gefahr zu laufen, dass jemand die Nachricht entschlüsseln kann. "Jederzeit könnten zwei Personen mit Verzeichniseinträgen privat kommunizieren, selbst wenn sie keinen vorherigen Kontakt hatten." [8] - genau das, was Counter-Ökonomen wollen.

Ein Hauch von Technik und ein Rucksack

Bevor wir dieses Thema abschließen, noch ein Wort zur Technologie. Die Programmierung kann in der oben genannten Quelle nachgeschlagen werden und in einer Welt von abenteuerlustigen Hackern sollte es für niemanden ein Problem sein, einen Programmierer zu finden, der alles Nötige auf dem eigenen Heimsystem einrichtet.

Man erwartet ein gesundes Vertrauen und einen begründeten Respekt vor Informationstechnologie und geheimen Codes. Leider habe ich im Zusammenhang mit diesem Thema viele Menschen erlebt, die voller Erstaunen und Euphorie den Sieg über den Staat feierten und ebenso in Depression und Resignation versanken, als sie erfuhren, dass ein bestimmtes System geknackt wurde. Versuchen wir, uns gegen beides zu immunisieren.

Die Furcht geht von Statistiken aus, wie sie zum Beispiel über das Rivest-Shamir-Adleman-Kryptosystem (RSA) veröffentlicht wurden. Die Zeit, die benötigt wird, um einen Code zu knacken, wird als ‚Faktorisierungszeit' bezeichnet. Beträgt die Schlüssellänge beispielsweise 50, so kann sie bei einer bestimmten Rechenleistung pro Mikrosekunde in 3,9 Stunden geknackt werden. Verdoppelt man jedoch die Schlüssellänge auf 100, so erhöht sich die Faktorisierungszeit auf 74 Jahre und verdreifacht man sie auf 150, so benötigt man eine Million Jahre! Bei 250 Stellen überschreitet man die geschätzte Lebensdauer des Universums. Kein Wunder, dass die NSA die Schlüssellänge auf 60 bis 70 Stellen standardisieren will.

Ein 77-stelliger Schlüssel war vor kurzem für 165 US-Dollar für das gängige z80-System erhältlich. "Das Ver- und Entschlüsseln von Nachrichten dauert etwa eine Minute plus der erforderlichen Zugriffszeit auf die Festplatte. Die Zeit für die Generierung der Ver- und Entschlüsselungsschlüssel liegt zwischen 15 Minuten und 4 Stunden... Die Zeit, die benötigt wird, um dieses System zu knacken, wird auf einem Cray-1 auf drei ununterbrochene Tage bis zu einem Jahr geschätzt." [9]

Neuere und schnellere Rechner als der Cray-1 sind bereits verfügbar oder auf dem Weg, aber auch hier kann durch Erhöhung der Stellenzahl des RSA-Schlüssels Abhilfe geschaffen werden. Dennoch sollte man sich über den Stand der Technik im Klaren sein, wenn man dieses Spiel spielt.

Eine bevorzugte Alternative zu RSA ist das Rucksack-Schema, weil es schneller beim Ver- und Entschlüsseln ist. Der Name geht auf ein mathematisches Rätsel zurück. Das Rätsel besagt, dass man, wenn man sowohl das Gesamtgewicht eines Rucksacks mit Inhalt als auch das Gewicht der einzelnen Gegenstände im Rucksack kennt, herausfinden kann, welche Gegenstände im Rucksack verpackt sind. Ein numerischer Code ist eine Sammlung von Zahlen, und der Rucksack ist die Summe dieser Zahlen.

Martin Hellman von der Stanford University und Ralph C. Merkle nutzten diese Technik, um 1978 ein Public Key Kryptosystem zu entwickeln. Merkle setzte eine Belohnung für denjenigen aus, der das System knacken konnte.

"1982 führte Shamir den ersten erfolgreichen Angriff auf die einfachste Form des Rucksack-Kryptosystems durch. Er stellte fest, dass bestimmte Informationen über Überfüllungssequenzen durch eine modulare Multiplikationsfalle nicht gut verborgen werden. Außerdem konnte diese Information durch die Lösung eines speziellen mathematischen Problems (das Auffinden eines kurzen Vektors in einem Gitter) schnell gesichert werden. Shamirs Methode wurde praktikabel, als ein Algorithmus zur schnellen Lösung dieses Problems erfunden wurde. Kurz darauf knackte Adleman mit einem ähnlichen Ansatz eine andere Form von Rucksack-Kryptosystemen, die als Graham-Shamir-Knapsack bekannt sind." [10]

Shamir erhielt den Preis von 100 Dollar, aber Merkle setzte weitere 1000 Dollar für denjenigen aus, der das komplexere iterierte Knapsack-System knacken würde. Ernest F. Brickell von den Sandia National Laboratories in Albuquerque, New Mexico, ging im Sommer 1984 auf die Jagd nach dem Preis. Im Oktober "gab Merkle zu, dass Brickell den Preis gewonnen hatte, und Brickell erhielt seinen Scheck. Merkle sagte: "Ich denke, das Brechen von iterierten Knapsacks ist ziemlich überraschend und zeigt einen Grad an Unsicherheit, den ich nicht vermutet hätte. " [11]

Ist es deshalb an der Zeit, als technologiebasierter Counter-Ökonom in Panik zu verfallen? Nein, und deshalb müsse man über das sich schnell verändernde Feld auf dem Laufenden bleiben: "Das schließt aber nicht aus, dass es ein sicheres Knapsack-Kryptosystem gibt. Brickell fügte hinzu: 'Es muss eine Alternative zur modularen Arithmetik zum Verbergen verwendet werden...'. Natürlich können Kryptologen der Herausforderung nicht widerstehen, ein Kryptosystem zu entwickeln, was die von Brickells Entschlüsselungstechnik aufgedeckten Schwächen umgeht. Auf der Crypto '84 stellten Rivest und Benny Cho ein neues Knapsack-Public-Key-Kryptosystem vor, was auf der Arithmetik in mathematischen Strukturen namens 'endliche Felder' basiert."[12]

Während Computer-Kryptographen das Spiel "bessere Maus gegen bessere Mausefalle" spielen, erhöht Adi Shamir den Einsatz und gibt der Hoffnung Ausdruck, dass ein Kryptosystem entwickelt werden kann, was (innerhalb vernünftiger Grenzen) weitgehend unempfindlich gegen wirtschaftliche Angriffe ist - oder dass zumindest die Kosten dafür rational kalkuliert werden können.

"Die faszinierendste Frage ist, ob es möglich ist, Beweistechniken zu entwickeln, die die Sicherheit von Kryptosystemen zeigen", sagt Shamir. "Wenn uns das gelingt, wäre das der größte Durchbruch in der Kryptographie, weil wir damit zeigen könnten, dass konkrete zukünftige Kryptosysteme in einem definierten Zeitraum nicht gebrochen werden können." [13]

Wie in allen Bereichen der Counter-Ökonomie müssen die Risiken rational kalkuliert und der Gewinn mit dem potenziellen Nutzen abgewogen werden. Mit Hilfe von Computern und Programmen ist dies einfacher, schneller und effizienter als je zuvor möglich. Wenn man dann noch das Potential kostengünstiger Sicherheitsstandards für die Aufzeichnung und den Austausch von Nachrichten hinzunimmt, braucht man nicht mehr nach einer wundersamen Unverwundbarkeit gegenüber den autorisierten Räubern des Staates zu fragen.

Aber so etwas wie dieses Wunder könnte der Markt ohnehin bald liefern. Sobald Informationen in der Gegenwirtschaft erfolgreich ausgetauscht werden können, wird es darum gehen, physische Objekte ebenso sicher und effizient zu bewegen. Glücklicherweise gibt es, wie wir im nächsten Kapitel sehen werden, eine sehr lange und erfolgreiche Geschichte des Schmuggels im Bereich der gegenwirtschaftlichen Aktivitäten.

Fußnoten

1. Aber nicht völlig. Im Dezember 1984 kündigte die National Security Agency Pläne zur Entwicklung eines Systems der neuen Generation an, dass eine größere Geschwindigkeit und Kapazität als die vorhandenen haben soll. Siehe den späteren Abschnitt über Public Key Cryptography für den Hauptgrund dafür.

2. Reid, B. (1971). The Paper Trip. Fountain Valley, Kalifornien: Eden Press. (Ein bekannter gegenwirtschaftlicher Text, mit Aktualisierungen wie The Paper Trip II, 1977, The Paper Trip III, 1998, und [jetzt mit nicht-römischen Zahlen] The Paper Trip 4, 2015.)

3. Ein unwiderstehlicher Zwischengedanke. Amerikaner haben einen klaren Doppelmoral-Ansatz bei der Frage der Anstiftung, was für den gegenwirtschaftlichen Ansatz ein Glücksfall ist. Geschäftsleute anzustiften – sogar Großunternehmer wie John DeLorean – ist ein Tabu; Politiker anzustiften, wie diejenigen, die bei FBIs Abscam erwischt wurden, ist dagegen akzeptabel. Der Unterschied liegt darin: Politiker haben kein legitimes Geschäft mit irgendwelchen speziellen Interessengruppen; oder, um es noch stärker, aber immer noch im amerikanischen Kontext auszudrücken, "alle Politiker sind Gauner" und werden angenommen, (potenziell zumindest) nichts Gutes im Schilde zu führen.

4. Smith, J. (1983, Januar). Public Key Cryptography. Byte 8(1), S. 198.

5. Ebd., S. 199.

6. Ebd., S. 200.

7. Ebd.

8. Rivest, R. L., Shamir, A. & Adleman, L. (1978). A method for obtaining digital signatures and public-key cryptosystems. Communications of the Association for Computing Machinery 21(2), S. 120-126. doi 10.1145/359340.359342.

9. Smith, op. cit., S. 216 (Hinweis des Herausgebers).

10. Peterson, I. (1984, 24. November). The unpacking of a knapsack. Science News 126(21), S. 331.

11. Ebd

12. Ebd

13. Ebd

7.   Kapitel Sieben bis Zehn

Es wird gemunkelt, dass diese Kapitel in digitaler Form irgendwo im Cyberspace existieren. Wenn sie auftauchen, werden sie einer aktualisierten Version von ‚Counter-Economics' hinzugefügt. Der Rest von ‚Counter-Economics' – Kapitel elf bis achtzehn – wurde vor SEK3's frühem Tod nicht fertiggestellt. Er hinterließ eine Übersicht über alle Kapitel, welche den Umfang, die Tiefe und die gesellschaftliche Bedeutung der Wissenschaft über die Counter-Ökonomie verdeutlichen.

Outline

(Das sind Konkins persönliche Notizen, in denen er seine Vision der Counter-Ökonomie beschreibt)

Teil Eins

Vorwort (Optional)

Sollte von einem "namenhaften" Autor wie Doug Casey, Harry Browne, Murray Rothbard, Thomas Szasz, Karl Hess, John Pugsley o.ä. verfasst werden.

Einleitung

Geschrieben. Fasst die Komplexität des Themas in einfachen Worten zusammen. Verspricht einen unterhaltsamen Überblick über dieses seltsame neue Gebiet, mit Wirtschaftstheorie in einem späteren Abschnitt und einer ideologischen Erklärung ganz am Ende. Klare Absicht, aber unaufdringliche und zurückhaltende Präsentation.

Kapitel Eins: steuerliche Counter-Ökonomie

Geschrieben. Sehr detaillierter Überblick über die amerikanische "Schattenwirtschaft", den steuerfreien Teil der gesamten Counter-Ökonomie. Alle Beispiele stammen aus bekannten "etablierten" Nachrichtenquellen. Kritiker der massive Steuerhinterziehung werden zitiert und nur oberflächlich beantwortet, um die Leser für spätere Theorien zu reizen.

Kapitel Zwei: Internationale Counter-Ökonomie

Geschrieben. Etwa ein Drittel dieses Kapitels bewegt sich um den Globus, Westeuropa und die "Dritte Welt", mit einem Ansatz zur steuerlichen Counter-

Ökonomie. Das zweite Drittel behandelt Übergangsstaaten des marxistisch-leninistischen Typs in der Dritten Welt und den entsprechenden Anstieg der gegenwirtschaftlichen Aktivität. Das letzte Drittel konzentriert sich auf den "Ostblock" und verfolgt den zunehmenden Wandel des gesamten Marktes in den Schwarzmarkt oder die Untergrundwirtschaft. Hierbei wird besonders auf die UdSSR als letzte Hoffnung des Staates zur Unterdrückung der Counter-Ökonomie eingegangen.

Kapitel Drei: Sowjetische Counter-Ökonomie

Geschrieben. Dieses Kapitel kommt der Darstellung über den Umfang und die Tiefe einer fast vollständig counter-ökonomischen Gesellschaft am nächsten. Die Hilflosigkeit des sowjetischen Staates wird betont und durch wiederholte Beispiele aufgezeigt. Die Möglichkeiten der Counter-Ökonomie jenseits enger Geschäftsfelder werden eingeführt, um den Appetit des Lesers für den Rest des Buches zu wecken. Russische Millionäre werden präsentiert, um Argumente aufzuzeigen.

Kapitel Vier: Drogen-Counter-Ökonomie

Geschrieben. Dieses Kapitel ist obligatorisch, da "Drogenverbindungen" und das entsprechende Netzwerk die populärste Ansicht und das populäre Verständnis von Aktivitäten auf dem Schwarzmarkt sind. Daher werden die Erwartungen der Leser ausgespielt. Zunächst werden die Größe und der Umfang des Marktes gezeigt, bis hin zur Übernahme von Regierungen in geeigneten Fällen. Dann wird kurz skizziert, wie der Markt vom Produzenten zum Händler funktioniert. Wendepunkt: Der spätere Teil dieses Kapitels wird den Drogenmarkt nutzen, um die Vernetzung nahezu aller Menschen in der Gesellschaft aufzuzeigen, die Komplizenschaft von Gelegenheitskunden, Freunden, Kollegen, Verwandten, sogar Passanten - eine soziale Verschwörung gegen die Regierung. Dies wird dann mit der Prohibitionszeit verglichen, um historische Kontinuität zu gewährleisten und mit dem Handel von Laetril, um seine Ausdehnung außerhalb von "Suchtmitteln" zu zeigen. "Was ist eine Droge?": Wer sagt das und warum. Das Drogengeschäft wird als gegenwirtschaftliches Paradigma behandelt, mit Ähnlichkeiten und Unterschieden zum "regulären" Geschäft.

Kapitel Fünf: Inflations-Counter-Ökonomie

Geschrieben. Beginnt mit einer starken Bezugnahme auf bestehende Autoren des Genres wie Browne, Casey, Schulz, Pugsley etc. Die Survival-Bewegung wird mit der Inflation und ihrer Counter-Ökonomie in Verbindung gebracht. Hier wird ein wenig Theorie eingebracht, um die Inflation zu erklären und mit der Preissteigerung zu kontrastieren. Der Konjunkturzyklus nach der Österreichischen Schule wird skizziert, um eine Grundlage für das Schicksal der Inflation zu zeigen. Dem Gold wird ein eigener Abschnitt gewidmet, sowohl dem legalen als auch dem illegalen Besitz und Handel, sowie anderen Edelmetallen, Rohstoffen, "Alpha-Strategie"-Käufen, bis hin zu Rückzugsorten und Verstecken. Der historische Goldstandard, seine mögliche Rückkehr und die Angst des Staates davor führen zum nächsten Abschnitt. Der letzte Abschnitt befasst sich mit einigen Innovationen auf dem grauen Markt, wie z.B. 100%-Gold-Banking, das von einem Untergrund-"Bankier" angeboten wird, und einer detaillierten Beschreibung seiner Aktivitäten. Der Wert von untereinander agierenden Counter-Ökonomen wird erläutert. Moderne Computer ermöglichen eine bargeldlose Buchhaltung und den unterirdischen Transfer von Ressourcen in immer größerem Umfang.

Kapitel Sechs: Informations-Counter-Ökonomie

Geschrieben. Der rasche Aufstieg der Computerbranche, die individualistische Natur von freiberuflicher Beratung, Computer-Freibeuter und -Piraten werden beschrieben. Die Regierung hat bei der Regulierung dieser Branche die Hände in den Schoß gelegt. Die Diskussion ist dann in zwei Arten von gegenwirtschaftlichen Computer- und Informationsaktivitäten unterteilt.

Informationsaustausch in der Counter-Ökonomie

Schachern, unter dem Tisch Verkäufe und verschiedene Kniffe von Counter-Ökonomen werden behandelt, von Forschern und Beratern bis hin zu Tastenanschlägen und Programmierern, von Eigentümern bis hin zu Franchisegebern. Beispiele aus den Massenmedien werden genannt, um die Leser zu überzeugen.

Counter-ökonomische Informationsbranche

Libertäre Beispiele für Datenverschlüsselung und neue Techniken. Carl Nikolai wird mit seiner Originalarbeit in diesem Bereich vorgestellt. Die Anwendungen von staatsfesten Datenverarbeitungen für Steuerhinterziehung, Inflationsvermeidung, Handel und andere Arten von Marktaktivitäten werden gezeigt, sowohl bereits funktionierende als auch unmittelbare Möglichkeiten.

Die Verlorenen Kapitel

Kapitel Sieben: Schmuggel in der Counter-Ökonomie

Die größten Schmuggler werden die Leser vielleicht überraschen: fast jeder an der Zollkontrolle. Damit ist das Kapitel zur Identifikation der Leser eröffnet. Die Statistiken werden wie gewohnt lebendig und anschaulich präsentiert.

Geld- und Währungsschmuggel

Dieser Abschnitt beginnt mit Verweisen auf die sechs vorhergehenden Kapitel. Sie sollen den Leser diskret daran erinnern, was er gelernt hat. Währungskontrolle hat mit Steuerhinterziehung, Drogenhandel, dem roten (kommunistischen) Schwarzmarkt und sogar mit Informationsverarbeitung zu tun.

Historischer Schmuggel

Dies wird eine historische Tour und eine kurze Beschreibung des klassischen, stereotypen Konzepts des Schmuggels sein...

Gewinnorientierte Grenzüberschreitung

Dieser Abschnitt behandelt die Art und Weise, in der die meisten internationalen Unternehmen Waren über Grenzen transportieren (oder dies vorgeben), um Steuern, Zölle, Mehrwertsteuer, Umsatzsteuer, Einfuhrquoten usw. zu umgehen (dies wird auch von kleinen Unternehmen und Einzelpersonen praktiziert). Auch das Überschreiten von Staatsgrenzen zur Umgehung der Umsatzsteuer und anderer Kontrollen wird hier behandelt. Dieser Abschnitt verbindet praktisch alle Unternehmen jeder Größe mit der Counter-Ökonomie.

Kontraband-Counter-Ökonomie

Was legal ist und was nicht, ist von Staat zu Staat (und von Bundesland zu Bundesland und von Provinz zu Provinz und von Landkreis zu Landkreis...) sehr unterschiedlich. Das Konzept des Unternehmertums wird hier mit der Idee des "Gütertransports von Niedrigpreisregionen zu Hochpreisregionen" als Ausgangspunkt untersucht. Dies ist eine subtile Einführung in einige Grundprinzipien der Wirtschaft.

Rhodesianische Papierspur

Die Umgehung des rhodesischen Ölembargos durch Mobil Oil: Der Schmuggel durch multinationale Konzerne wird in abenteuerlichen Details dargestellt. Dieses Beispiel verdeutlicht das Ausmaß der gegenwirtschaftlichen Operationen, ihre Akzeptanz in den "höheren Kreisen" der Finanzwelt und ihr Potential, Regierungen zu erschüttern.

Was ist kein Schmuggel?

Illegaler Handel kann sogar Vereinbarungen zwischen Nachbarn, Gefälligkeiten für Freunde oder private Postzustellungen umfassen. In diesem Abschnitt wird die Allgegenwart des Schmuggels hervorgehoben. Der Schmuggel von Bibeln und religiösem Material wird erwähnt. Auch der Schmuggel von "Menschen" wird eingeführt, um im Kapitel "Menschliche Counter-Ökonomie" mit dem Beispiel der Underground Railroad aus der Zeit des Bürgerkriegs verwendet zu werden. Eine Verbindung zur Informationsindustrie (Kapitel sechs) und zu Transportproblemen (Kapitel acht).

Kapitel Acht: Counter-Ökonomie im Transportwesen

Es gibt eine grundlegende Notwendigkeit, Dinge zu bewegen. Methoden werden aufgelistet: zu Fuß gehen, private Fahrzeuge, kommerzielle Transportmittel und staatlich kontrollierte öffentliche Verkehrsmittel; Beispiele für counter-ökonomische Nutzung all dieser Methoden werden gegeben.

Counter-Ökonomie mit dem CB-Funkradio

In diesem wilden Abschnitt geht es darum, wie das CB-Funkgerät die Verkehrsregeln umgeht und den Gewinn der LKW-Fahrer steigert. Es werden reale (einfache) wirtschaftliche Berechnungen angestellt. Statistiken über die Größe des Marktes werden präsentiert. Warum sind landwirtschaftliche Fahrzeuge von den meisten Transportvorschriften ausgenommen und wie wird dies ausgenutzt? Szenen des gegenwirtschaftlichen LKW-Transports und wie er durch Country-Musik, Filme, Fernsehen und Radio romantisiert wurde. Ist dies ein Modell für die Verbreitung anderer Formen und Arten der Counter-Ökonomie? Der Aufstieg der völlig illegalen britischen CB-Nutzung wird behandelt.

Menschen gegenwirtschaftlich bewegen

Die New Yorker "Gypsy Cabs" triumphieren über die Regulierungsbehörden. Außerdem geht es um "Jitneys"; "Grey Rabbit"-Busse; private Mitfahrgelegenheiten, die sich zu U-Bahnen und Taxis entwickeln; "Hippie"-Fluggesellschaften - warum sie erfolgreich starteten und warum sie scheiterten.

Counter-Ökonomie auf offener See

Kleine Bootsbesitzer umgehen in verschiedenen Beispielen die Kontrollen. Auch das Potenzial und die tatsächliche Nutzung von Booten für counter-ökonomische Zwecke wird thematisiert, z.B. die mit Marihuana beladenen Boote entlang der Küste Floridas. Natürlich wird auch der Schmuggel thematisiert. Ein Hauch von Futurismus wird mit einer Diskussion über den Vertrag über den Meeresboden und seine gegenwirtschaftlichen Auswirkungen auf den Meeresbodenbergbau, die marine Aquakultur und sogar die Nutzung von Meereshabitaten hinzugefügt.

Counter-Ökonomie im Luftraum

Freddie Laker greift Regulierungen und die jüngsten Deregulierungen im Flugverkehr auf, als Beispiele für das reaktionäre "Biegen" der Regeln durch Fluggesellschaften – Counter-Ökonomie! Es werden Beispiele für die Nutzung von privaten Flugzeugen und den kommerziellen Luftverkehr für Drogenschmuggel, Diamantenschmuggel und Kurierdienste gegeben.

Counter-Ökonomie im Weltraum

OTRAG wird dieses Kapitel einleiten, die private Raumfahrtindustrie über und unter der Erde; Bewegungen in verschiedenen populären Raumfahrtgruppen weg von der NASA und dem staatlichen Monopol im Weltraum. Sowohl reale als auch spekulative Fälle werden behandelt.

Kapitel Neun: Energie-Counter-Ökonomie

Zunächst werden Energiequellen hinsichtlich ihrer gegenwirtschaftlichen und etablierten Nutzung untersucht: Anzapfen öffentlicher Leitungen, Manipulation von Beständen, aufbewahrte und ausgebeutete private Quellen. Survivalisten und Ökologen bewegen sich aus gemeinsamen Gründen aus den regulierten Stromnetzen heraus. Sowohl hochtechnologische als auch niedrigtechnologische Alternativen zum Markt werden behandelt. Der Betrug von staatlichen "Anreizen" für kleinmaßstäbliche Energiealternativen und

Solarenergie wird aufgedeckt, da sie tatsächlich monopolistische Energieunternehmen schützen. Dies wird anhand der Geschichte der staatlichen Regulierung und ihrer Verursachung von nahezu aller aktuellen Umweltverschmutzung und Energieverschwendung erklärt. Am Ende wird spekulativ aufgezeigt, wie eine starke Counter-Ökonomie (und ein schwacher Staat) mit Umweltverschmutzung und Umweltschutz umgehen würde. Dies wird sich mit dem Kapitel über die juristische Counter-Ökonomie verbinden.

Kapitel Zehn: Menschliche Counter-Ökonomie

Dieses Kapitel sollte jegliche verbleibende Vorurteile über kalte und herzlose Counter-Ökonomie beseitigen. Abschnitte behandeln illegale Einwanderer, insbesondere an der mexikanischen Grenze, aber auch Asiaten, Kanadier, Australier und Europäer; Arbeit als gegenwirtschaftliches Gut; die Underground Railway, die gegenwirtschaftliche Sklavenbewegung - deren Varianten immer noch in Gebrauch sind; Flüchtlinge werden behandelt und die counter-ökonomische Befreiung von Menschen aus größerer Tyrannei, aber sollten sie überhaupt die bestehende Counter-Ökonomie verlassen? Was ist ein freies Land (etwas mehr Theorie)? Hier werden Minderheitsgruppen zuerst behandelt, wie sie in feindlichen Gesellschaften überleben und die sich bildenden Subgesellschaften, normalerweise überwiegend counter-ökonomisch – ein Hinweis auf mögliche Gemeinschaften für Hardcore-Counter-Ökonomen wird hier eingeführt, aber am Ende des Buches näher erläutert.

Die ungeschriebenen Kapitel

Kapitel Elf: Dissidenten und intellektuelle Counter-Ökonomie

Dieses Kapitel richtet sich an Akademiker und intellektuelle Kritiker. Es werden politische, religiöse und akademische Untergrundaktivitäten sowie die Vermarktung dieser Dissidenz in Nordamerika, Südamerika, Europa, der Dritten Welt und Osteuropa dargestellt. Untergrundzeitungen und Untergrundpublikationen. Es könnte auch ein separater Abschnitt über Bildungsalternativen entwickelt werden, in dem der Unterschied zwischen öffentlichen Schulen, Privatschulen und unabhängigen Schulen sowie vollständig unterirdischen Schulen ausführlich dargestellt wird. Hier könnte sicherlich etwas mehr erklärende Theorie eingefügt werden.

Kapitel Zwölf: Sexuelle Counter-Ökonomie

"Jeder macht es" wird das Thema dieses Kapitels sein, mit Statistiken über Verstöße gegen Sexualgesetze; Auflistungen dieser Gesetze in verschiedenen Staaten und Ländern sowie verschiedene Einstellungen werden ebenfalls angegeben – fast alles ist illegal und fast niemand kümmert sich darum.

Pornografie

Definitionen variieren und diese werden beachtet. Geschäftsmethoden im Umgang mit lokalen Vorschriften werden erläutert. Anzeigen in Straßenzeitungen für Sexarbeit in Südkalifornien werden zitiert und als Modell für andere Arten von gegenwirtschaftlichen Geschäftstransaktionen und Werbebedürfnissen präsentiert.

Prostitution

"Die älteste Profession der Welt" ist counter-ökonomisch: Frauen, Männer, Jugendliche – alle – und die Behörden geben zu, dass es nirgendwo aufzuhalten ist.

Amüsante Anekdoten über politische Vertreter, die von Fessel- und Dominanzphantasien geprägt sind, werden erzählt, um das Thema zu würzen und zu verdeutlichen. Wo ist die Grenze zwischen Koexistenz und Prostitution? Diese Frage wird gestellt und beantwortet. Die Moral und Ethik des Gewerbes wird diskutiert, aber in den folgenden Kapiteln behandelt: Psychologisches Selbstbewusstsein und Meinungsfreiheit führen direkt zu den nächsten beiden Kapiteln.

Kapitel Dreizehn: Feministische Counter-Ökonomie

Dieses Kapitel beginnt mit einer Überprüfung der Sexgesetze der vorherigen Kapitel, jedoch mit einem Schwerpunkt auf sexueller Diskriminierung und wie gegenwirtschaftliche Aktivitäten den Staat umgehen.

Geburt zu Hause

Die Bewegung für Geburten zu Hause, die in den 1980er Jahren größtenteils illegal war, wird in einigen Details behandelt – die Hebamme als Counter-Ökonomin. Die Geschichte des Schmuggels und des Kontrabands von Geburtenkontrollinformationen passt hierher.

Gleichberechtigte Chancen in der Counter-Ökonomie

Dies kann als allgemein für alle Minderheitengruppen angesehen werden, aber Frauen sind die größte Gruppe und daher wird der Fokus auf sie gerichtet: wie die Counter-Ökonomie geschlechtsblind, farbenblind und glaubensblind ist; das Segment entwickelt das Thema der in die Gesellschaft eingebetteten Subgesellschaften weiter. Der Aspekt, wie Minderheiten die Counter-Ökonomie nutzen, um aus Ghettos, Barrios und untergeordneten Jobs in Nordamerika und im Ausland auszubrechen, wird entwickelt. Homosexuelle werden hier und in Kapitel Zwölf behandelt. Die Nutzlosigkeit des Equal Rights Amendment (ERA) und derartiger Gesetze wird aufgezeigt und bietet Gelegenheit für eine kleine theoretische Erklärung.

Kapitel Vierzehn: Counter-Ökonomische Justiz

Dieses Kapitel wird in gewisser Hinsicht mit fast allen anderen Kapiteln in Verbindung stehen, weil es die brennende Frage in den Köpfen der Leser beantworten wird: Wie können Gerechtigkeit und Verträge ohne Regierung aufrechterhalten werden? Tatsächlich mit der Regierung als aktiven Gegner von Verträgen und Gerechtigkeit?

Das Scheitern der staatlichen Justiz

Die Gründe, warum der Staat keinen Schutz oder keine Gerechtigkeit bieten kann, stehen am Anfang dieses Abschnitts. Zahlreiche Beispiele, vor allem aus dem heutigen Amerika, werden angeführt. Das "Klima der Angst" und das ewige "Kriminalitätsproblem" von " Recht und Ordnung" als politischer Spielball werden entkräftet.

Schutzgeschäft

Warum das Ergreifen von Kriminellen für die meisten Menschen zu spät kommt, wobei die Counter-Ökonomie sogar diesen Service bereitstellen wird. Die Technologie des Schutzes und der Verteidigung wird im Detail bis hin zu den neuesten Geräten und ihrer Marktpopularität behandelt.

Naturrecht und dessen Durchsetzung

Der Begriff des Naturrechts wird eingeführt. Die spontane Ordnung des Marktes wird erklärt und sowohl in "übernatürlichen" als auch in gegenwirtschaftlichen Transaktionen anschaulich dargestellt. Das Stigma des "Petzens" als allgemeineres Konzept und seine Gültigkeit werden entwickelt. Schließlich werden dem Leser gegenwirtschaftliche Methoden zur Durchsetzung des Rechts und zur Festnahme von Kriminellen vorgestellt. Die

136

"Schutzgelderpressung" wird ausdrücklich ausgeklammert, aber die "Wucherei" wird komplexer behandelt und verdient eine gewisse Sympathie.

Schiedsgerichtsbarkeit und Counter-Ökonomie

Die Schiedsgerichtsbarkeit ist bereits im überirdischen Bereich weit verbreitet, und Fälle wie die Beilegung des Vertragsstreits zwischen Johnny Carson und NBC werden genannt, ebenso wie Statistiken der *American Arbitration Association*. Der Beginn einer libertären Schiedsgerichtsvereinigung wird skizziert, und die Verbindung mit "Schwarzen Listen" und "Weißen Listen" entwickelt ein Arbeitskonzept der gegenwirtschaftlichen Justiz.

Kapitel Fünfzehn: Psychologie der Counter-Ökonomie

Das Thema dieses Kapitels ist die Stärkung der psychologischen "Gesundheit", das heißt Selbständigkeit und Verantwortungsbewusstsein, mit objektiven Handlungen - die sich als counter-ökonomisch erweisen.

Autoritarismus

Forschung zu diesem Thema wird präsentiert, insbesondere wie von Dr. Sharon Presley zusammengestellt, um die Verbindungen zwischen Gehorsamskonditionierung und Staatlichkeit aufzuzeigen.

Die Human Potential Bewegung

Alle verschiedenen Aspekte der neuen Psychologie werden als kompatibel und sogar kongruent mit gegenwirtschaftlicher Aktivität gezeigt. Nicht nur Presley, Thomas Szasz und Nathaniel Branden, sondern auch Psychologen, die nicht mit dem Libertarismus in Verbindung stehen, werden zitiert.

Wie es funktioniert

Konkrete Fälle, anonym natürlich, werden hier zusammengefasst, um die counter-ökonomische Psychologie zu illustrieren.

Gegenseitige Verstärkung

Über die individuelle Autonomie und Selbstakzeptanz hinaus wird das Konzept von counter-ökonomisch zusammenarbeitenden Personen, in Verbindung mit Vertrauen und ehrlicher Interdependenz, final entwickelt (nachdem es im ganzen Buch immer wieder kurz aufgetaucht ist). Über Beziehungen und Affinitätsgruppen hinaus, gelangen wir logischerweise zur Idee einer aktiven

Sub-Gesellschaft und/oder Bewegung von Counter-Ökonomen - und das führt uns zum zweiten Teil.

Teil Zwei

Kapitel Sechzehn: Counter-Ökonomie verstehen

Die Frage "Warum bin ich so schlau?" leitet dieses Kapitel ein. Die Frage "Warum versteht der Autor das alles, während der Rest der Gesellschaft höchstens teilweise auf den Zug aufgesprungen ist?" soll den Leser dazu anregen, sich endlich in die Theorie zu vertiefen. Die Antworten: (1) Es gibt eine gut entwickelte, bewährte Theorie, die Wunder bei der Vorhersage menschlichen Handelns vollbracht hat und es wissenschaftlich beschreibt (dieses Kapitel). (2) Es gibt ein starkes Interesse - vielleicht das stärkste in der Geschichte der Menschheit - diese Themen zu verwirren und ihre Informationen zu verzerren, um Privilegien zu erhalten (nächstes Kapitel). Es wird betont, wie wichtig es ist, die Wirtschaftswissenschaften zu verstehen, um sich vor "Betrügereien" zu schützen.

Praxeologie: Die Studie menschlichen Handelns

Eine recht einfache (nicht akademische), aber dennoch konkrete Darstellung der Grundkonzepte der Österreichischen Schule wird gegeben. Dazu gehören der subjektive Wert, der Grenznutzen, die Zeitpräferenz (Urzins), die Regression (Entstehung des Geldes), die Kapitalpyramide von Eugen Böhm-Bawerk und der Konjunkturzyklus von Ludwig Von Mises. Um das Interesse des Lesers aufrechtzuerhalten, werden sowohl alltägliche Beispiele zur Identifikation des Lesers als auch counter-ökonomische Beispiele verwendet.

Warum Counter-Ökonomie funktioniert

Mit der Unterscheidung zwischen Gewinn und "Ertrag" als Ausgangspunkt wird das Unternehmertum wieder eingeführt und dann auf alle Aspekte des täglichen Lebens angewendet. (Dies knüpft an das vorangegangene Kapitel - Selbständigkeit - an, wobei der Schwerpunkt nun auf dem Eingehen von Risiken liegt). Der Schlüssel zum Verständnis und zur praktischen Anwendung der Counter-Ökonomie wird nun erklärt: Tausche Risiken gegen Gewinne. Die gesamte Erfahrung des Buches wird verknüpft, um dies zu unterstützen.

Wie die Counter-Ökonomie funktioniert

Es wird eine einfache algebraische Formel angegeben, die für alltägliche Geschäftsberechnungen verwendet werden kann, um das eingegangene Risiko mit leicht verfügbaren Daten zu berechnen. Damit kann das maximal akzeptable Risiko abgeschätzt werden. Einige Vorbehalte, wie man eine counter-ökonomische Lebensweise führen kann, und Erklärungen, dass der Autor "den Gesetzesbruch befürwortet", schließen dieses Kapitel ab.

Kapitel Siebzehn: Gegner der Counter-Ökonomie

Die zweite Antwort auf die Frage, warum die Counter-Ökonomie noch nicht zur Wirtschaft geworden ist, wird hier endlich gegeben. Die Natur der Opposition wird detailliert dargelegt.

Ursprung und Natur des Staates

Die Geschichte und Soziologie des Staates werden hier skizziert und führen den Leser schnell in die Gegenwart eines gesteigerten Bewusstseins.

Etablierte Wirtschaftswissenschaften

Die herrschenden Klassen - der König und seine Hofintellektuellen - werden erläutert, um zu zeigen, warum die Wirtschaftswissenschaft durch politische "Notwendigkeiten" ständig in Betrug und Schwindel verwandelt wird. Die populären Mythen der Zeit werden aufgelistet und kurz beschrieben.

Sackgassen

Konservatismus, Liberalismus, Sozialismus, Anarchismus, verschiedene Formen des Libertarismus, Pazifismus, "Ausstieg" und "Rückzug" werden alle als Wege zu einer freien Gesellschaft vorgestellt, definiert, skizziert und widerlegt - wiederum stark auf die Erfahrungen des Lesers mit dem Rest des Buches gestützt, um es kurz und prägnant zu halten - oder schnell und vernichtend. Nachdem alle anderen Optionen ausgeschlossen wurden, bleibt das letzte Kapitel.

Kapitel Achtzehn: Soziale Counter-Ökonomie

Das versprochene abschließende Kapitel, worin die vollständige Integration der libertären Theorie und der Praxis der Counter-Ökonomie dargestellt ist, wird vorgelegt. Dieses Kapitel wird zu einem vollständigen Werk mit einem tiefer gehenden akademischen Stil erweitert, und den Lesern wird ein Nachfolgeband versprochen (eine Art Counter-Ökonomie II für die Liebhaber von Fortsetzungen). Das Buch endet mit einer - um Haftung zu vermeiden -

verklausulierten Aufforderung, diese Theorien zu leben und Träume zu verwirklichen. Wir könnten mit einem Erfahrungsbericht des Autors über die letzten zehn Jahre gelebter Counter-Ökonomie enden, um zu zeigen, dass er alles, was er predigt, auch praktiziert hat (oder dies einem biographischen Rückblick überlassen).

Bibliografie & Index

Empfohlene Lektüre zur vertiefenden Beschäftigung mit den verschiedenen Themen. Ein Index ist wahrscheinlich eine gute Idee, würde jedoch die Zeit für den Abschluss des Buches verdoppeln. Das Inhaltsverzeichnis könnte stattdessen Unterkapitel auflisten.

HINWEIS AN VERLAGE: Es liegt in der Natur der Sache, dass dieses Thema fast alle Bereiche berührt und daher in Geschichte, Soziologie, Ökonomie, Feminismus, Oststudien, Russlandstudien, Psychologie und Politikwissenschaft gefragt ist und bisher das einzige Buch dieser Art ist. Es hat daher die seltene Eigenschaft, sowohl populär als auch akademisch attraktiv zu sein, und mit etwas Glück wird dies auch für die Fortsetzung gelten.— SEK3

Über Samuel Edward Konkin III

Samuel Edward Konkin III war ein Theoretiker der Vanguard-Bewegung und ein Hardcore-Aktivist seit der historischen Spaltung zwischen Libertären und Konservativen auf dem YAF-Kongress in St. Louis 1969. In den folgenden dreieinhalb Jahrzehnten war er Herausgeber und Verleger der ältesten libertären Publikationen: Laissez-Faire! (1970), New Libertarian Notes (1971-75), New Libertarian Weekly (1975-779) und New Libertarian (1978-1990). Er schrieb 1980 das bahnbrechende Werk über Agorismus ‚The New Libertarian Manifesto'. Er prägte die folgenden Begriffe und Konzepte, von denen viele in allen libertären Publikationen auftauchen: Counter-Ökonomie, Agorismus, Minarchie, Partyarchie, Antiprinzipien, Linker Libertarismus, Anarchozionismus, Browne-Out, Roter Markt, Kochtopus und mehr. Er beeinflusste die Werke von Autoren wie J. Neil Schulman (Alongside Night) und Victor Koman (Kings of the High Frontier), die beide ihre ersten professionellen Verkäufe in seinen Publikationen hatten. Konkin war geschäftsführender Direktor des ‚Agoristic Institute', einer Organisation zur Verbreitung der Prinzipien des Agorismus und der Counter-Ökonomie. Er war Ehrengast auf Science-Fiction-Conventions und libertären Treffen und ein erfahrener Weltenbummler. Counter-Economics" sollte sein Hauptwerk werden, die Destillation all seiner Arbeit und Forschung aus 15 Jahren Aktivismus. Leider wurden von den ursprünglich geplanten 18 Kapiteln nur zehn geschrieben. Nur sechs davon waren zum Zeitpunkt der Veröffentlichung verfügbar. Konkin starb am 23. Februar 2004.